오늘도
행복하기 위해
그림을 본다

오늘도
행복하기 위해
그림을 본다

마음을 정리하는 미술치료 솔루션

김소울 지음

흐름출판

모든 사람의 감정은
우주와도 같다

그림은 하늘에서 뚝 떨어진 것이 아닙니다. 그림을 그린 작가가 있고, 이 그림을 그리기까지 작가의 이야기와 마음이 담겨 있습니다. 그렇기에 그림 안에는 생명력이 꿈틀대고 있습니다. 이 생명력은 우리에게 말을 걸어오고, 우리는 작품과 대화를 할 수 있습니다. 하지만 많은 사람들이 그림과 대화하기를 두려워합니다. 걸어오는 물음에 어떻게 대답을 해야 할지 또 어떤 그림과 대화를 해야 할지 단순히 어렵다고만 생각합니다. 그림을 향해 내 마음이 보내오는 에너지를 느꼈어도 무시하기 일쑤입니다. 이 책은 나의 에너지와 그림의 에너지가 만날 수 있도록 돕기 위해 쓰여졌습니다. 그러기 위해서는 먼저 어떤 작가가 어떤 이야기를 그림에 담았는지를 알 수 있어야 합니다. 또 그림을 통해 내 마음을 들여다보는 방법도 알아야 할 것입니다. 이 책은 지친 여러분이 그림을 통해 힐링할 수 있독록, 여러분의 생명력과 그림의 생명력이 만나 이야기를 나눌 수 있도록 문을 열어줍니다.

미술치료라는 분야를 공부한 지 벌써 15년이 다 되어갑니다. 미술치료를 공부하기 전에 저는 그저 미술을 공부하는 학생이었습니다. 그러던 어느 날 우울이 찾아왔고, 우울은 섭식장애라는 병으로 발전했습니다. 스마트폰도 없던 시절, 어렵게 검색을 하여 상담실을 방문했습니다. 그리고 그곳에서 섭식장애라는 증상이 문제가 아니라 제 마음을 관찰하고 치유해주는 것이 더 중요하다는 것을 배우기 시작했습니다. 30회기가 넘는 상담을 통해 나를 알아가고 이전보다 마음을 건강히 돌볼 수 있는 힘을 가지게 되었습니다. 이때 저는 미술치료 학문에 눈을 뜨게 되었습니다. 이미지의 힘을 이용할 수 있기에 말로 표현하기 부담스러운 감정을 나타낼 수 있었고, 혼자서도 이미지와 대화하며 나를 회복할 수 있다는 장점이 매력적이었습니다. 그리고 미술치료의 본 고장에서, 그중에서도 가장 미술치료로 유명한 플로리대주립대학에 가서 공부하게 되었습니다. 아름다운 풍광과 따뜻한 플리로다의 환경에서 마음과 그림을 알아가는 시간이었습니다.

한국으로 돌아와서는 플로리다의 평안함을 기억하며 플로리다 마음연구소를 창립했습니다. 플로리다 마음연구소에는 많은 사람들이 찾아옵니다. 이유는 다양하지만 하나의 공통점이 있습니다. 모두 자신의 감정을 어쩌지 못하고 힘들어하는 사람들입니다. 자신의 감정을 몰라서, 때로는 부정적인 감정만 늘어나서, 어떠한 감정으로조차 힘들어하는지 알 수 없어서 이곳을 찾아옵니다. 그럴 때 제가 가장 먼저 하는 것은 여러 장의 명화들을 보여주고 마음이 가는 그림을 선택하게 하는 것입니다. 그림이 왜 마음에 와닿았는지 설명을 듣고, 내담자들에게 이 그림에 담긴 이야기와 감정을 이야기해줍니다. 그러면 내담자들은 곧 자신의 마음을 들여다보고 그동안의 일을 털어놓기 시작합니다.

내담자들 한 명 한 명은 모두 커다란 우주와도 같아서 사람마다 무수히 많은 이야기를 가지고 있습니다. 그런 이야기를 그림으로 펼쳐내고 자신도 잘 몰랐던 마음을 마주하고 이해하는 과정은 내담자뿐만 아니라 저에게도 큰 감동으로 다가옵니다. 플로리다 마음연구소에 방문했던 내담자 중 3명의 아이 엄마인 33살의 여성이 있었습니다. 임신과 출산을 반복하면서 망가진 몸, 그리고 시댁과 육아로부터 지친 마음이 스스로를 미워하도록 만들고 있었습니다. 일과 육아에 지친 그녀는 자신이 자유롭게 통제할 수 있는 것은 먹는 것뿐이라고 느꼈고 매일 음식을 잔뜩 먹고 일부러 토하기를 반복했습니다.

첫 회기에 이 여성 내담자에게 조지 클로젠의 〈흐느끼고 있는 젊은 여자〉를 보여주었습니다. 그리고 그림 속 여성이 어떤 마음일지에 대해 설명하도록 했는데 그녀는 그림 속 여성에게서 자신의 슬픔을 찾았습니다. 육아와 일로 지쳤지만 자신을 도와줄 사람이 한 명도 없는 것 같다는 것이 그녀의 설명이었습니다. 제가 그녀에게 "이 사람에게 지금 필요한 것은 무엇일까요?"라고 물었을 때 그녀는 눈물을 뚝뚝 떨어뜨리며 "지금까지 너무 고생이 많았다는 인정, 잠깐이라도 쉴 수 있는 여유, 그리고 내가 여전히 빛나는 사람이라는 응원"이라고 그림 옆에 적어갔습니다. 약 3개월 정도의 미술치료를 받은 후, 그녀가 이야기했던 것이 아직도 기억이 납니다. "33년 동안 생각해왔던 '나'에 대한 생각이 완전하게 바뀌었어요. 상담을 받기 전의 나와 받은 후의 나는 전혀 다른 사람이 되었거

▲ 〈울고 있는 젊은이〉, 조지 클로젠Sir George Clausen, 1916

든요. 저를 제 스스로 예뻐하는 날이 올 줄은 몰랐어요. 상담을 받지 않으며 힘들게 보냈던 시간들이 아까워요."

우리나라에서 미술치료는 여전히 젊은 학문입니다. 1990년 중반 한국에 들어온 미술치료는 과거에는 알려진 지식이 적어 마치 그림을 그리고 마음을 맞추는 타로카드 뽑기처럼 생각하는 사람도 있었습니다. Art therapy가 한국어로 번역되면서 미술치료라는 단어가 만들어졌습니다. '치료'라는 단어가 들어가다 보니 마치 정신적으로 큰 병을 가지고 있는 아픈 사람들이 미술치료를 받는다고 오해를 하는 사람도 있었습니다. 하지만 최근에는 인식이 개선되어 대인관계, 회사, 연애 등에서 오는 스트레스로 상담소를 방문하는 사람들이 늘고 있습니다. 이 책에서 말하는 그림치료도 마찬가지입니다. 그림을 통해 나의 마음을 알아가고 스스로를 토닥토닥 다듬고 위로해가는 것입니다.

이 책에 들어 있는 명화는 그동안 마음연구소를 운영하면서 실제로 내담자들이 많이 공감하고 도움을 받았던 그림으로 엄선했습니다. 그림에 대한 이야기를 들려주고 녹아 있는 다양한 심리를 여러분에게 전달하고 솔루션을 제공합니다.

책을 읽다 보면 특히나 마음에 와닿는 그림도 있고, 좀 더 자세히 들여다보고 싶은 그림이 있을 거예요. 아마도 그림 속에 담긴 이야기가 지금의 나의 마음과 닮아서일 가능성이 크겠지요. 어떨 때는 내가 인정하고 싶지 않은 나의 마음이 들켜서 괜히 그림을 빨리 넘겨버리고 싶기도 할 거예요. 이렇게 나의 마음을 어루만져주는 시간들은 반복되는 하루 속에서 쉽게 잃어버릴 수 있는 '나'를 찾도록 도와줍니다. 감정이라는 것은 아는 순간부터 치유되는 성질이 있습니다. 나를 가장 잘 아는 사람은 늘 나와 함께 있는 자기 자신인데, 우리는 그런 '나'에게 생각보다 관심을 쏟지 않습니다. 나의 감정들과 더 친해지면서 가장 가까운 내가 스스로에게 응원과 위로를 해줄 수 있는 좋은 친구가 되고자 하는 것이 이 책의 가장 큰 목표입니다.

이제 여러분은 따뜻하고 평화로운 플로리다 마음연구소의 문을 열 겁니다. 마음을 들여다보고 자기 자신을 들여다보는 시간입니다.

— 김소울 씀

차례

열심히 살아온 것 같은데 최선을 다해 지내온 것 같은데 어느 순간 내게 남겨진 것이 무엇인가 하는 생각에 멈춰 서는 순간이 옵니다. 주어진 것에 충실한 것이 잘못이었다면 그것도 잘못이었을까요? 나이가 들면 이런 모습이겠다고 예상했던 모습과 어긋나 있는 것 같은 생각이 들 때에는 한숨이 나오기도 합니다. 남들은 다 잘 살고 있는 것 같은데 나만 불만족스러운 인생을 사는 것 같아 허무하기도 합니다. 이렇게 살면 안 됐던 걸까요?

괜찮은 모습으로만
기억되고 싶었어요

마음연구소에 방문한 30대 중반의 한 여성 내담자는 9년 간 다녔던 디자인 회사를 그만둔 상태였습니다. 퇴직할 당시에 는 디자인 강사로 불러주는 곳이 많아 새로운 기회가 다가온 것처럼 느껴졌습니다. 프리랜서로 원하는 일을 하면서도 개인 시간을 자유롭게 사용하겠다는 확고한 방향도 있었습니다. 그 러나 퇴직 후 생각처럼 일이 풀리지 않았고, 팬데믹이 시작되 면서 강의할 곳이 적어졌습니다. 상황이 좋지 않으니 사람들 을 만나는 것에도 주눅이 생겼습니다. 그러던 도중 어렵게 시 작한 사랑도 끝나버렸습니다.

"제가 필요 없는 사람이 된 것 같아요. 세상과 단절된 느낌이에 요. 어느 날 그냥 먼지처럼 사라져도 제가 사라졌다는 걸 아는 사람이 없지 않을까요. 다른 사람들은 나이에 맞는 단계를 밟 아가고 있는 것 같은데… 제가 이 시간에 이렇게 지내고 있을

줄 몰랐어요."

그녀는 대학 졸업 후 앞만 보고 열심히 인생을 달려왔습니다. 미술관에서 일했고, 호주에 워킹홀리데이를 다녀오기도 했고, 취업 준비를 한 후에는 바로 디자이너로 일을 시작했습니다. 야근 수당도 주말도 없이 일하기를 9년, 그동안의 일을 접고 새로운 도전을 해보았지만 만만치 않았습니다. 주변 사람들은 결혼을 하고 승진을 해서 인생의 도약을 이뤄내고 있는 시점에 그녀는 스스로를 사막 끝에 서 있다고 표현했습니다. 그러나 사실 그녀는 중요한 것을 놓치고 있었습니다. 삶을 짊어지고 가는 과정에서는 누구나 쉬어가는 시간과 재충전의 시간이 필요하다는 것을요.

무언가 방향을 잃은 것 같다고 느껴지던 시간들, 제대로 인생을 살아가고 있는지에 대해 질문하던 시간들. 그 시간들을 통해 우리는 성장하게 됩니다. 대부분의 사람들이 언제나 직진을 하는 것은 아닙니다. 멈추기도 하고 길을 잃기도 합니다. 구불구불한 길을 마주쳐 고민하기도 하고 언덕을 올라야 해서 서로 부딪치기도 합니다. 그러나 우리 눈에는 인생이란 길을 달리면서 다른 사람이 얻게 된 열매들만 크게 보입니다.

움츠러들기 시작하면 계속 자신이 없어지고 아무것도 하

지 않으면 아무것도 얻을 수 없습니다. 그녀는 상담을 통해 조금씩 더 멀리 보기 시작했고, 처음 퇴사하면서 결심했던 것처럼 자신의 디자인 사무실을 열었습니다. 새로운 사랑을 시작했고, 디자인 외주와 온라인 강의에 뛰어들었습니다. 사막에서 오아시스를 발견했고, 그녀 스스로 길을 만들어갔습니다. 중요한 것은 그녀가 잠시 멈춰 있던 시간을 아무도 실패한 시간으로 기억하고 있지 않다는 것입니다.

남들은 다
잘 살고 있는 것 같은데

작은 불행도 닥쳐오면 크게만 보입니다. 그러나 다른 사람들의 시간은 여유롭고 순탄하게 흘러가는 것처럼 보입니다. 프랑스의 인상주의 화가 오귀스트 르누아르는 이러한 타인의 시간들을 따뜻하고 부드러운 그림체로 화폭에 담았습니다.

평일 낮, 선상에 모여 한가로이 오찬을 즐기는 사람들이 보입니다. 많은 사람들이 일자리에서 바쁘게 움직이고 있을

▲ 〈보트 파티에서의 오찬〉, 오귀스트 르누아르Pierre-Auguste Renoir, 1881

시간, 선상 테이블 위에는 맛있는 음식과 적당히 기분이 좋아질 만큼의 술들이 놓여져 있습니다. 햇살을 쬐고 싶지만 피부를 지키고 싶은 듯 모자를 쓰고 도란도란 이야기를 나누고 있는 여성들의 모습에서 삶의 빠듯함이나 긴장감은 찾아볼 수 없습니다. 마치 SNS에 보여지는 사람들처럼 좋은 것을 먹고 좋은 것을 입고 행복한 모습입니다.

'부럽다. 나도 더 좋은 부모를 만났으면, 더 좋은 대학을 나왔으면, 더 예쁘게 태어났더라면, 운이 더 좋았더라면…'이라는 생각을 합니다. 다른 사람을 보면서 나와 비교하고 열등감을 만들어냅니다. 대부분의 비교 대상은 나와 관련 있는 사람들입니다. 유명한 연예인이 산 수퍼 카나 명품들 때문에 속상해하는 경우는 거의 없습니다. 내가 아는, 혹은 아는 사람의 아는 사람이 아파트 분양에 성공했다든가, 시댁에서 차를 사줬다든가, 고속 승진을 해서 직급이 빨리 높아진 것에 화가 납니다. 통통하던 지인이 살을 빼거나 성형을 해서 전보다 예뻐진 것 같으면 위화감이 들고, 나랑 비슷하거나 별 볼일 없다고 생각했던 친구가 결혼해서 여유롭게 사는 모습을 보면 질투가 납니다.

더 깊은 곳의 진실에는 관심이 없습니다. 선상 위에서 오찬을 즐기며 술을 마시는 여인은 어쩌면 남들에게 보여주고 싶지 않은 모습이 많을 수도 있습니다. 엄격한 부모 밑에서 형제와 비교당하며 살아왔을 수도 있고, 오래된 허리 통증으로 잠잘 때 자주 고통스러울 수도 있습니다. 친구에게 돈을 빌려 줬다가 돈과 친구를 모두 잃었을 수도 있고, 조금만 먹어도 살이 찌는 체질이라 여러 사람들 앞에서 음식을 먹는 게 두려울 수도 있습니다. 물론 이것은 그저 나의 상상일 뿐이고 술 한잔을 즐기는 그림 속의 우아한 모습이 평상시의 모습일 수도 있습니다. 중요한 것은 한 사람이 타인에게 보여지는 모습들은 상당히 필터링된 모습이라는 것입니다. 우리는 실제 자신의 모습을 그 누구와도 100퍼센트 공유할 수 없습니다. 타인에게 보여지는 모습과 있는 그대로가 같은 사람은 없습니다.

귀중한 나를
더 잘 돌볼 수 있도록

〈보트 파티에서의 오찬〉 속 등장인물들은 르누아르의 여자친구를 포함하여 다수의 지인들이 포함되어 있습니다. 그러나 여유롭고 유택한 그림 속의 분위기외는 상반되게 르누아르는 정작 가난한 화가였습니다. 그는 주로 행복한 사람들의 모습을 그림의 주제로 선정했는데, 행복해하는 사람들(엄밀히 말하면 자신에게 돈을 주고 의뢰한 부자들)을 보며 시기하기보다는 오히려 그런 행복한 에너지를 함께 공유하고자 노력한 것으로 잘 알려져 있습니다.

"가뜩이나 불쾌한 것이 많은 세상에서 행복한 것만 보고 그리고 싶다"는 말을 남긴 그는 같은 시간과 공간 속에 있으면서도 삶을 더 낙관적으로 보려고 노력했습니다. 더 많이 배우고 더 많이 가진 사람들을 질투하기보다는 배울 수 있는 좋은 부분들을 배우고, 좋은 에너지를 받아 자신의 삶에 긍정적인 기운이 맴돌 수 있도록 노력했습니다. 스스로 삶의 선순환 구조를 만든 것입니다. 그리고 그의 에너지는 그림을 통해 관객에게 전달됐습니다.

앞서 마음연구소에 방문했던 여성 내담자는 처음 〈보트 파티에서의 오찬〉을 보았을 때 "나와 다른 세상의 풍경"이라는 단어를 사용했습니다. 그리고 걱정 없이 사는 사람들의 모습을 굳이 오래 보고 싶지 않다는 설명도 함께했습니다. 그러나 어느 정도 시간이 흐르고 다른 사람이 아닌 자신에게 집중하기 시작했을 때 "나도 여기에 함께 있고 싶다"는 말을 하며 자신과 세상을 바라보는 시선이 달라졌다고 얘기했습니다.

오늘 하루는 어떤 시간을 보냈는지 한 번 떠올려보세요. 다시는 오지 않을 시간을 불행한 마음으로 되새김질하지는 않았나요? 다른 사람과 비교하며 하루를 보낸 것은 아닌지 생각해보세요. 만약 그런 시간들이 오늘 하루 중 많았다 하더라도 그런 식으로밖에 살지 않은 자신을 자책할 필요는 없습니다. 인생에는 언제나 내일이 있고, 또 다음이 있기 때문입니다.

늘 가지고 있지만 별것 아니라 생각했던 삶의 부분들, 딱히 감사할 것 없는 인생이라 생각하며 넘어갔던 많은 삶의 부분이 어떤 이에게는 사무치게 부러운 모습일 수도 있습니다. 이 말은 나보다 더 불행한 사람들을 생각하며 위안을 삼으라는 뜻이 아닙니다. 내 인생에 존재해서 감사한 것들, 그리고 주어진 것들에 대해 가치를 잊지 말고 귀중한 자신과 자신의 시간들에 좀 더 주목해보라는 뜻입니다. 바깥으로 눈을 돌리느라 나를 돌보는 것에 소홀했던 시간들이 너무 아깝지 않은가요?

동굴 안 깊은 곳으로 잠수를 시작하다

　잠수潛水는 '물속으로 잠겨 들어감, 또는 그런 일'을 의미하는 단어이지만 일상에서는 사회, 혹은 특정 대상과의 연락을 단절하고 혼자만의 세계에 들어가 스스로를 고립하는 것을 의미하는 단어로도 사용되고 있습니다.

　잠수를 타는 이유는 다양합니다. 돈을 빌렸지만 되갚을수가 없는 상황처럼 당당하지 못한 상황에서 잠수를 타기도하고, 세상에 환멸을 느껴 핸드폰을 꺼두고 자신만의 시간을가지는 경우도 있습니다. 잠수 타기를 통해 잠시 재충전하는시간을 가지는 사람들도 있지만, 잠수를 스스로의 안전을 위해 세상과 단절하는 수단으로 삼는 사람들도 있습니다.

마음연구소에 방문한 내담자 중에도 갑자기 연락도 없이 상담에 나타나지 않거나 한동안 전화기가 꺼져 있는 사람들이 종종 있습니다.

세상에
나 혼자인 거 같아요

평소 우울증이 있던 30대의 한 여성 내담자는 자신이 믿고 의지했던 사람으로부터 버림받자 상실감을 느끼고 한동안 잠수를 탔습니다. 마음연구소와도 오랫 동안 연락이 되지 않았습니다. 한참의 시간이 흐르고 그녀가 다시 마음연구소를 방문했을 때 그녀는 자신의 시간들을 이렇게 설명했습니다.

"모든 것이 버거웠어요. 숨을 쉬는 것도 귀찮고, 살아 있는 것도 싫고… 이런 것이 귀찮다고 생각하는 것 자체도 사치스럽게 여겨졌어요. 아침에 깨어나지 않으면 좋겠는데, 눈을 뜨면 다시 아침이었어요. 맨 정신으로 일어나 있는 시간을 어떻게든 줄여보겠다고 술을 마시고 자고 또 잤어요. 사람들, 해야 하는 일들, 아둥대고 사는 것들, 쥐고 있는 것들이 아무것도 아닐 수 있구나 하는 생각이 들었어요."

잠수를 타는 시간 동안 자신을 힘들게 하는 생각들로부터 잠시라도 떨어져 있었으면 좋았을 텐데, 그녀는 그렇지 못했습니다.

"나를 버린 그 사람, 그리고 좋지 않은 이 상황을 계속 생각하고 있었어요. 바쁘게 살 때는 오히려 정신이 분산되었는데, 혼자 고립되어 있으니 생각이 계속 꼬리를 물고 떠오르고, 감정은 더 미치겠고…"

그녀는 자발적인 잠수를 선택했지만 혼자가 되자 '역시 세상에는 나 혼자다'라는 생각에 더욱 깊게 빠져들었습니다. 자신이 혼자라는 생각이 확고해질수록 스스로에 대한 무력감이 커졌고, 쓸모없는 인간이라는 생각에 빠져들었습니다. 머릿속에 부정적인 생각들이 가지를 치며 자라나면서 그녀를 더욱 고립시켰습니다.

그녀를 힘들게 했던 생각은 자신은 혼자 외딴 곳에 있는데 세상은 너무나 잘 돌아가고 있다는 것이었습니다. 멀쩡한 세상이 원망스럽다기보다는 세상은 역시 나와 상관없는 곳이라는 생각이 들었습니다. 세상에 언제 어떻게 다시 돌아가야 하는지 그것조차 알 수 없었습니다.

사실, 알아달라는 신호를
보내고 있었다

잠수를 타고 세상으로부터 단절되어버린 사람들은 세상과의 접촉을 원하지 않는 것 같지만, 실상은 그렇지 않습니다. 세상과의 교류를 누구보다도 원하지만 너무 많은 상처를 받은 나머지, 두려워서 몸을 피하고 있는 것뿐입니다.

김진남 작가는 인간의 심리와 감정에 대한 작품을 꾸준히 창작해왔습니다. 그는 물, 그리고 물속의 공간에 대한 자신의 심리적 경험을 화폭에 담았습니다. 〈신호 III〉은 작가가 직

▲ 〈신호 III〉, 김진남, 2016

접 모델이 되어 물속에서 누군가에게 보내는 묵언의 신호를 주제로 하여 그려진 작품입니다. 물속에 잠겨 있는 사람은 물의 투명한 속성 때문에 표층에 부유하고 있는 것으로 나타납니다. 물의 불규칙한 파동은 물비늘과 기포들로 중첩되어 인물의 외양을 왜곡시킵니다. 이는 자기 부정의 심리적 기재를 한층 더 강화시키고 있다는 것을 나타냅니다. 칠흑 같은 밤바다를 지속적으로 응시하고 있을 때 서서히 다가오는 물의 신비로움과 두려움. 깊고 잔잔한 물속을 천천히 거닐 때 느껴지는 고요한 불안감과 자유로운 편안함의 상대적 감정이 느껴집니다.

그림 속 인물은 아무것도 들리지 않고 보이지 않는 물속에 잠겨 숨쉬기조차 버거워하고 있습니다. 세상과 완전히 단절된 듯 보이지만 투명한 물은 야속하게도 숨어 있는 그를 그대로 내보입니다. 하염없이 막힌 공간 속에서, 그는 신호를 보내고 있습니다. 바깥에서 나를 보고 있는 누군가가 있다면 손을 내밀어주기를 기다리면서 말입니다.

준비가 되면,
문을 열고 나와주세요

　가족이나 친구들이 걱정하며 연락을 취하지만, 자신만의 공간에 방문을 닫고 들어가 버린 사람들은 쉽게 문을 열어주지 않습니다. 신경 써주는 것은 고마운 일이지만, 잠수를 탈 때는 주변 사람들의 챙김마저 쓸모없다는 생각이 들기도 합니다. 목이 말라서 물이 필요한데, 배고프니 빵을 먹으라고 입에 넣어주면 더욱 목이 막히는 것과 같은 상황입니다. 조금만 더 세심하게 신호에 귀를 기울인다면 소중한 사람에게 정말 필요한 것을 줄 수 있을지도 모릅니다.

　누군가로부터 상처를 받아 문이 닫힌 것이라면 그 사람의 진심 어린 사과와 함께 내밀어준 손이 문을 열 수도 있습니다. 상황이나 환경이 동굴 속으로 들어가게 했다면 새로운 기회가 문을 열어줄 수도 있습니다. 그러나 이 모든 것도 아니라면 굳게 닫힌 마음의 문을 열 수 있는 것은 오직 자기 자신뿐입니다. 다른 사람이 문을 열지 못하도록 바깥에서 여는 손잡이를 스스로 없애버렸을 수도 있으니까요. 내가 밀고 나가지 않으면 닫힌 문은 아무도 열지 못할지도 모릅니다.

동굴 속에 머물다 보면 익숙해져서 동굴 안이 편안하게 느껴지시고 밖에 나가는 것이 어렵게 느껴질 수도 있습니다. 그러나 당신은 지금 잠깐 동굴 속에 머물렀을 뿐이고 동굴 밖이 얼마나 따뜻하고 찬란한지를 알고 있는 사람입니다. 과거에는 동굴 밖에서 좋은 사람들과 즐거운 시간을 보낸 적도 많습니다. 상처가 너무 커서 그 기억들이 아무것도 아닌 것처럼 여겨지고, 밖에 나가면 이제 아무도 자신을 반겨주지 않을 것 같지만, 그 생각 역시 틀렸습니다. 밖은 여전히 사계절과 열두 개의 달들이 흘러가고 있고, 아침과 밤을 따라 신비로운 색채로 변화하고 있습니다. 그리고 그곳에는 나를 걱정하고 기다리고 있는 사람들이 있습니다.

동굴 속에서 조금 더 쉬고 싶으면 충분히 잠을 자고 나가도 괜찮습니다. 혼자 나가기가 어렵다면 주변 사람들에게 신호를 보내어 손을 잡아달라고 이야기할 수도 있습니다. 스트레칭을 하고 목소리를 가다듬고 준비가 되었을 때 한 걸음 한 걸음 천천히 밖으로 나가면 됩니다. 상처 때문에 걸을 힘이 없는 것처럼 느껴지지만 밖으로 나갈 생각이 드는 것만으로도 이미 많이 회복된 것입니다. 새들이 지저귀고 시원한 바람이 붑니다. 이제 다시 변화하는 이 세상과 함께할 시간입니다.

> ### 관계
> ---
> # 과한 감정 대출,
> # 신용불량자가
> # 되다

감정 에너지 불변의 법칙을 아시나요? 한 사람이 사용 가능한 감정 에너지는 정해져 있습니다. 이 감정 에너지를 개인적인 곳에 사용하는지, 대인관계에 사용하는지, 사회를 향해 사용하는지는 감정을 선택하는 사람의 몫입니다. 이 중 대인관계에 지나치게 감정을 소모하는 사람들의 경우, 자신이 쓸 수 있는 감정 에너지를 모두 쓴 후 그 이상의 감정을 끌어다 쓰기도 합니다. 우리는 이런 사람들을 감정 대출자라고 부릅니다. 반복되는 관계에서 혼자만 소비적으로 감정 에너지를 쓸 경우 주고받는 감정의 양이 맞지 않아 감정 대출의 신용불

량자가 되기도 합니다.

열 개를 줬는데
다섯 개만 받았어요

마음연구소에 방문했던 내담자 중 잘못된 대인관계에 익숙해져버린 20대 후반의 여성이 있었습니다. 어린 시절 아버지가 돌아가셔서 아버지의 얼굴도 기억나지 않는다고 설명한 그녀는 사이가 좋지 않았던 엄마와 언니들에 대한 이야기를 해나갔습니다. 엄마와 언니들은 그녀를 가치 있는 사람으로 대해주지 않았고, 자신들의 분노를 당연히 받아주는 사람으로 그녀를 대했습니다. 어느새 이런 관계에 익숙해진 그녀는 다른 사람들과의 관계에서도 을의 위치에 있는 게 편해졌습니다. 그녀를 이용하고, 무시하고, 자존감을 깎아 스스로의 자존감을 채우는 사람들이 많았던 성장 과정은 성인이 된 이후에도 그녀의 삶에 영향을 끼쳤습니다. 그녀는 좋은 사람과 결혼을 하고 아이를 낳아 환경이 완전히 변했는데도 대인관계에서 스스로를 소모시키는 행동을 지나치게 많이 하고 있었습니다.

"가족으로부터 느껴야 했던 친밀한 관계에 대해 갈증이 늘 있어서인지 조금만 친해지면 '내 사람'으로 만드려고 애쓰고 있었어요. 친해지려고 제 사생활이나 치부도 과도하게 노출하고, 잘 보이려고 연락을 먼저 하고… 혹시 상대방이 기분이 상할까 봐 눈치를 보고, 내가 먼저 연락 안 하면 관계가 이어지지 않을까 봐 숙제처럼 연락을 하기도 했어요."

이 여성 내담자는 다른 사람과 감정을 주고받는 데 있어서 늘 상대방보다 많은 감정을 주고 있었습니다. 상대방은 다섯 개만 주는데 자신은 계속 열 개를 주는 것입니다. 그렇게 되면 준 것에 비해 받은 것은 없고, 감정을 소모하는 일이 지속적으로 발생합니다. 관계는 서로 만들어가는 것이지 혼자서만 노력하는 게 아닙니다. 그녀는 결핍감을 느꼈고, 그것을 채우기 위해서 과도하게 자신의 에너지를 끌어다 써야 했습니다. 타인에 대한 기대감과 타인에게 맞추고자 한 노력들에 대한 보상을 모두 받지 못한 그녀는 돌려받지 못한 감정에 대해 분노가 일었습니다. 하지만 이런 관계를 멈출 수는 없었습니다. 고립될 것 같은 두려움이 더 컸기 때문입니다. 그녀는 대인 관계 유지를 위해 계속 마이너스 에너지를 썼습니다.

서로 다른 사람들의
만남

붉은 배경에 추상적인 형태들이 둥둥 떠다니고 있습니다. 태아와 같은 형태의 흰색 덩어리와 검정색 덩어리들이 마주하고 있고, 둥글고 네모난 기하학적인 형태들이 그 주변을 구성하고 있습니다. 흰색과 검정색은 언뜻 보면 상당히 유사해 보이고 마치 레고처럼 둘이 합쳐질 수 있을 것처럼 보이지만, 이둘은 정확하게 딱 맞아 떨어지지는 않습니다. 심지어 등 부분에 지고 있는 형태는 서로 전혀 다릅니다. 이 그림의 제목은 〈둘 사이〉입니다.

각기 다른 시간을 통해 성장하고 가치관을 확립한 두 사람이 만나게 되었습니다. 서로 통하고 닮은 부분이 많아서 호감을 느끼며 가까워지지만 이 둘은 결코 완전히 동일할 수 없

▲ 〈둘 사이〉, 바실리 칸딘스키|Wassily Kandinsky, 1934

습니다. 이 둘이 합을 이루고자 가까이 간다면 잘 맞지 않는 형태의 들고 남 때문에 부딪치는 일이 발생할 수도 있습니다.

그렇기에 흰색과 검정 사이에는 틈이 존재합니다. 사람과 사람 사이의 심리적 거리감이 바로 이것입니다. 그리고 이 둘 사이에는 둥글고 다양한 그 무엇들이 존재하고 있습니다. 그 무엇들은 대화, 질문, 배려, 의심, 질투, 이해, 공감 등 인간관계에 존재하는 다양한 요소들입니다. 둘 사이에 떠다니는 무수한 것들은, 이 둘이 밀착해서 합쳐지지 않고 마주보고 있으면서 적당한 거리감을 유지할 수 있도록 돕는 역할을 합니다. 둘 사이는 이런 호흡을 통해 조화를 이루고 있습니다. 배경은 가장 에너지 수준이 높은 색깔인 붉은 색입니다.

〈둘 사이〉에 등장하는 두 개의 형체를 심장의 모습으로 해석하기도 합니다. 살아 숨 쉬는 사람들은 혼자서는 살아갈 수 없습니다. 다른 누군가와의 교류를 통해 더 역동적이고 생생한 개체로서 살아갑니다. 마음이 통하는 누군가, 의존할 수 있는 누군가, 대화를 주고받을 수 있는 누군가가 있다는 것은 삶에 있어서 귀중한 환희입니다. 누군가와 소통하기 위해서는 시간, 돈, 그리고 에너지가 소요되지만 우리는 이것을 단지 소비만으로 보지는 않습니다. 관계에서 얻는 혜택이 더 크다고 생각하기에 마음이 완전하게 통하지 않는 사람과도 연락을 주고받고, 약간의 마찰이 있어도 대인관계를 유지하기도 합니다.

조화로운 관계
만들기

스스로에게 친구라고 부를 수 있는 사람이 몇 명이냐고 묻는다면 생각보다 그렇게 많지는 않을 거예요. 그리고 '지인'이라고 규정지은 관계들이 추가적으로 더 있겠지요. 적당히 알고 지내는 사람과 가까운 친구를 구별짓는 기준점은 존재하지 않지만 마음속으로 어느 정도 잘 통하는지, 그리고 알고 지낸 기간이 얼마나 되는지 등의 기준으로 친구와 지인을 나눕니다.

시간이 지나면서 친구가 지인의 바운더리에 들어가기도 하고, 지인이 친구가 되기도 합니다. 그러는 과정에서 〈둘 사이〉의 두 형체 사이에 존재하는 무수한 그 '무엇'들이 발생하기도 하고 사라지기도 합니다. 우리는 이 무엇들을 어떻게 흐트려놓고 둘 사이에서 어떻게 잘 사용할 수 있는지를 판단해야 합니다.

두 사람은 꼭 하나의 형태가 될 필요는 없습니다. 그리고 두 사람이 꼭 비슷한 형태일 필요도 없습니다. 네모난 사람이 별 모양의 사람과 가까워질 수도 있습니다. 중요한 것은 이 둘 사이에서 발생하는 여러 가지 요소들이 잘 어우러지는 것입니다.

두 사람의 호흡이 좋다면 우리는 두 가지 경우를 생각해 볼 수 있습니다. 두 사람의 사고나 삶에 대한 가치관이 정말 유사하여 잘 통하는 것인 것인지 혹은 한 사람이 일방적으로 다른 한 사람에게 맞춰주고 있는 것은 아닌지 말입니다.

관계에서 오는 만족스러움이 한쪽에 쏠려 있다면, 다른 한 사람은 감정을 지속해서 소모하고 있을 가능성이 있습니다. 노력 없이 유지되는 관계는 없기에 관계를 위해 노력하는 것은 양쪽 모두에게 필요한 일입니다. 그러나 노력의 크기가 너무 차이가 난다면 관계에서 누군가는 감정을 대출받아 마이너스 감정을 계속 쓰고 있을 가능성이 높습니다.

주변에 친구와 지인들의 관계를 떠올려보세요. 감정을 주고받는 것에 있어서 나만 너무 힘을 쓰고 있다면, 어느 정도는 노력을 아껴도 괜찮습니다. 만약 그런 노력이 줄어들었을 때 사라질 관계라면 인연이 아닐 수도 있습니다. 반대로 상대방이 내게 더 맞춰주는 관계를 유지하고 있다면, 오늘 먼저 그 사람에게 따뜻한 에너지를 전달해보는 건 어떨까요?

다음 질문을 통해 주변의 관계를 돌아보세요.

◆

'내 사람'이라고 생각하는 기준에는 무엇이 있나요?

◆

내가 반드시 노력해야만 유지되는 관계가 있나요?

◆

만나면 채워지는 사람, 만나면 소진되는 사람.
떠오르는 사람이 있나요?

◆

다른 건 통하는 것이 없는데 '이것'이 통하면 친해지는
나의 '이것'은 무엇인가요?

◆

내 마음을 온전히 보여줄 수 있는 사람은 누가 있나요?

남의
판단에 의해
움직이는

사람은 기본적으로 다른 사람들에게 좋은 평가를 받고 싶은 욕구를 가집니다. 그리스의 철학자 아리스토텔레스가 규정했듯 '인간은 사회적 동물'입니다. 인간이 사회생활을 위해 '모여진 존재'인 이상 함께 모인 다른 존재로부터의 평가는 무시할 수 없습니다. 상호간에 협력하고, 조직을 구성하고, 경쟁하기도 하는 등 결코 단독자로 존재할 수 없는 것이 인간의 본질이라면 타인의 존재는 필수불가결하고, 그 타인으로부터의 인정 욕구는 인간의 본질적 동기가 됩니다.

사람들은 대부분의 시간을 타인에게 어떠한 인상을 남

기기 위해 살아갑니다. 다른 사람의 기대에 맞춰 살고, 다른 사람보다 더 낫다는 감각을 느끼기 위해 많은 시간을 노력합니다. 그리고 타인이 자신을 인정하고 승인한다는 생각이 들었을 때 비로소 스스로를 가치 있는 사람이라고 생각하게 됩니다.

자존감은 어떻게
정의 내릴 수 있을까

"내가 나를 사랑할 수 있을까?" "우울하다, 절망스럽다, 아무것도 하지 못할 것 같다, 힘들다, 중요한 것을 잃어버린 것 같다, 혼자가 된 것 같다." 스스로에 대한 믿음을 잃어버리고, 삶의 가치를 상실한 사람들이 주로 느끼는 감정입니다.

마음연구소에 방문한 한 내담자는 실직을 하게 되면서 업무적인 능력뿐 아니라 여자로서, 딸로서, 한 명의 사람으로서의 가치를 함께 잃는 경험을 했습니다. 스스로 자신의 상태를 자각하는 능력을 잃어버리고, 스스로가 얼마나 가치 있는 존재인지를 잃어버린 그녀는 자신의 삶 속에 가치 있는 목적이나 믿음도 흔들리고 있었습니다. '나의 자존감은 지금 어떠한가?' 이 질문의 답을 찾기 위해서는 지금 무엇을 위해 살아가고 있는지 삶의 방향성을 되짚어보는 것이 중요합니다.

심리치료 현장에서 자존감self-esteem은 '나 스스로 평가하는 주관적인 가치감'이라고 정의합니다. 이 정의에 따르면 평가의 주체가 타인이 되었을 때, 또 그 기준이 객관적인 것이 될 때 자존감을 온전히 지키기는 어렵다고 할 수 있습니다. 자존감을 '지킨다'는 표현은 자존감의 태생적 특질을 명확하게 나타내고 있는데 스스로 가치 있다고 느끼는 감각은 그만큼 빼앗기고 소진될 여지가 많다는 것입니다.

인간은 자신의 사회적 운명과 개인적 운명을 변화시킬 수 있는 능력이 있지만, 동시에 비합리적으로 생각하고 스스로에게 해를 끼치려는 강력한 선천적 경향성인 '생득적 자기파괴 본능'을 가지고 있습니다. 그렇기에 스스로 불행해질 수 있는 선택을 하는 데 크게 주저함이 없습니다. 낮은 자존감에 머물기 위해, 자신이 가진 단점에 몰두하여 스스로를 한심한 존재로 만들기 위해, 자신을 사랑해주는 사람들이 말해주는 자신의 가치를 외면하기 위해, 스스로를 힘들게 하는 존재들의 목소리에 귀를 기울이기 위해 노력합니다.

'어차피 위로하려고 하는 말들일 뿐이야.' '난 결국 이것도 못해.'

우리는 그다지 중요하지 않은 타인의 평가에 의해 하루의 기분이 흔들리고, 스스로 비루하다는 감정을 느끼기도 합니다. 지난 일주일 동안 경험했던 불행한 상황과 감정들을 떠올려본다면 상당히 많은 부분이 부정적인 생각을 선택하여 생긴 결과라는 것을 알 수 있습니다. 그리고 이때 많은 사람들이 타인을 통해 자존감을 지켜내려는, 어리석지만 일시적이고 강력한 시도를 합니다. 이러한 심리는 그리스 신화에도 고스란히 투영되어 있습니다.

신화 속 여신들의
자존감 지키기

일반적으로 신은 인간을 능가하는 초월적인 존재이지만, 그리스 신화에서는 신조차도 자존감을 지키는 것에 있어서 자유롭지 못합니다. 피터 루벤스는 자신의 대표작 〈파리스의

▲〈파리스의 심판〉, 피터 파울 루벤스Peter Paul Rubens, 1636

심판〉에서 타인의 평가에 따라 자존감이 극단적으로 오르내 렸던 신들의 이야기를 묘사하고 있습니다.

바로크 시대의 화가 루벤스는 빛나는 색채와 살아 움직 이는 듯한 에너지를 생동감 있게 담아낸 화가입니다. 일본의 애니메이션 《플란다스의 개》에 등장하는 주인공 소년 네로가 평생을 보고 싶어 했지만 입장료가 없어서 보지 못했던 그림, 결국은 죽음의 문턱에서 잠깐 만날 수밖에 없었던 그림 〈십자 가에서의 내리심〉을 그린 작가이기도 합니다.

올림푸스의 왕 제우스는 어느 날 아름다운 외모를 가진 님프 테티스를 만나게 됩니다. 그러나 '테티스가 낳은 아들은 아버지를 뛰어넘을 것이다'는 예언을 들은 제우스는 그녀를 인간 펠레우스와 결혼시킵니다. 제우스가 주선한 결혼식인 만 큼 많은 신들이 초대되었으나 불화의 여신 에리스는 이 결혼 식에 초대되지 못했습니다. 화가 난 에리스는 결혼식장에 황 금 사과를 가져와서 '가장 아름다운 여신에게'라는 메모를 남 긴 후 사라져버립니다. 이 사과를 누구에게 줄지 선택이 곤란 했던 제우스는 지나가던 목동 파리스에게 사과를 넘깁니다.

올림푸스에서 '가장 아름다운 여신'이라는 타이틀은 매 력적이었습니다. 후보가 된 여신들은 사과를 받기 위해 파리 스에게 제안을 합니다. 지혜와 전쟁의 여신 아테나는 '어떤 싸움에서도 이길 수 있는 전략의 지혜'를, 미의 여신 아프로디테는 '세상에서 가장 아름다운 여인'을, 그리고 가정의 여신 헤라는 '세계를 지배할 권력'을 제시했습니다. 선택받지 못할 경우 다른 신들로부터 받을 눈빛, 상해버릴 자존심, 그리고 다른 여신과 자신을 비교하며 생길 열등감이 세 여신에게 작용했을 것입니다. 최종적으로 자신의 자존감을 지키기 위해 여신들은 사과라는 아주 작은 물건과의 교환으로는 합리적이지 않은 과한 조건들을 제시했습니다. 만약 여러분이 파리스였다면 어떤 선택을 했을까요? 가상의 선택을 상상해 봄으로써 자신이 중요하게 여기는 가치가 무엇인지 생각해볼 수 있습니다.

파리스는 아프로디테를 선택했습니다. 목동인 줄 알았던 파리스는 트로이의 왕자였고, 그는 그리스의 도시 스파르타에 원정을 갔다가 가장 아름다운 여인이었던 스파르타의 왕비 헬레나와 사랑에 빠지게 됩니다. 헬레나는 트로이로 떠나게 되고 이로 인해 트로이와 그리스 전쟁이 시작되었습니다. 선택받지 못한 아테나와 헤라는 그리스 편에 서게 됩니다. 사실상 아테나와 헤라가 전력을 다해 트로이전쟁에 참여할 만큼 황금 사과 하나가 대단한 것은 아니었습니다. 이들에게 중요했던 것은 사과를 받지 못해 상처 난 자존감이었습니다.

'아름답다'고 정의한 것이 자신이 아닌 타인인데도 누군가는 자존감이 채워지고, 누군가는 자존감이 바닥나는 극명한 차이를 보였습니다.

나의 가치에
집중하는 시간

자신의 행복과 불행을 선택할 수 있는 사람은 자기 자신이기에, 타인에게 그 선택권을 넘겨주고 수동적으로 부정적인 감정을 느끼는 것은 분명 현명하지 않습니다. 머리로는 잘 알고 있지만 우리는 나약하고 어리석은 선택을 쉽게 해버립니다.

혹시 지금 자기파괴적인 생각에 몰두하고 있거나, 타인의 비난을 세상의 비난처럼 여기고 있거나, 타인과의 비교를 통해 스스로를 사랑받지 못할 사람이라고 생각하고 있다면 파리스의 황금 사과를 한 번 떠올려보세요. 아테나는 파리스로부터 사과를 받지 못했습니다. 그러나 아테나는 아테네 시민들에 의해 직접 선택된 수호신이었습니다. 그녀는 수많은 아테네 시민들의 사랑을 받았지만, 결국 한 명의 인간에 불과한 파리스가 자신을 선택하지 않았다는 이유로 전쟁의 참여도 서슴치 않았습니다. 그 정도로 절망하고 화낼 필요가 있었을 까요? 결국 얻지 못한 건 사과 하나가 아니었을까요?

미술치료 현장에서 〈파리스의 심판〉을 다룰 때에 여신들 이 '아름답다'는 가치에 집중한 것처럼 자신이 어떤 가치에 집 중하는지에 대해 질문하는 시간을 갖습니다. 내담자들은 최 고의 여신들조차 타인의 평가에 움직였다는 것에 위안을 받 으면서 자신을 움직이게 만드는 가치가 무엇인지에 대해 생각 하게 됩니다.

자존감을 회복하고 자신을 사랑하는 것의 시작은 복잡 하지도 어렵지도 않습니다. 어려워 보이지만, 실제로는 어려운 것이 아니라 익숙하지 않은 것입니다. 스스로 무엇을 가치 있 게 여기는지 생각해보지 않았고, 자신의 강점과 매력에 집중 해보지 않았으며, 나의 삶의 목표와 방향성에 대해 정의 내려 보지 않았기 때문에 낯선 것입니다. 자신을 미워하는 목소리 에 익숙해져버려 스스로를 사랑하는 목소리를 듣는 것이 어 색한 것뿐입니다.

자존감을 회복하는 가장 쉽고 단순한 방법은 나를 인정 해주지 않고 깎아내리는 사람의 목소리를 차단하고, 나를 알아봐주는 사람들의 이야기에 귀를 기울이는 것입니다. 그리고 그보다 앞서 자신이 가진 장점과 매력을 스스로에게 끊임없이 알려주는 것입니다. 자존감의 정의가 '나 스스로를 평가하는 주관적인 가치감'인 만큼 나의 가치는 타인이 아닌 자신의 목소리로 평가해야 할 것이고, 나를 아껴주고 사랑해줄 수 있는 가장 가까운 사람은 타인이 아닌 자기 자신이 되어야 한다는 것을 잊지 말아야 합니다.

**나는 어디에서 나의 가치를 찾고 있는지
다음의 질문을 통해 살펴보세요.**

◆

내 인생에서 중요한 우선순위 다섯 가지는 무엇인가요?

◆

'난 참 괜찮은 사람이야'라는 생각을 언제 하게 되나요?

◆

내가 특별한 이유 세 가지를 말한다면 무엇인가요?

◆

내 인생에서 최고의 순간은 언제였나요?

◆

내가 행복해지기 위해 꼭 필요한 것은 무엇인가요?

그림 안에
꿈틀거리는
에너지

그림 속에는 긍정적이든 부정적이든, 크든 작든 에너지가 존재합니다. 창작자가 창작을 위한 재료를 선택해서 작업을 시작하는 그 순간부터 에너지는 발생합니다. 스케치가 시작되는 순간, 물감이 펴 발라지는 순간 에너지는 탄생하고 그림 속에서 생동감 있게 살아 움직입니다. 아이의 그림을 보았을 때 '귀엽네'라는 생각과 함께 슬며시 미소를 짓게 되는 것도, '힐링된다'는 생각과 함께 마음이 몽글몽글해지는 것도, '왠지 기분 나쁘네'라며 음산한 기운을 느끼는 것도 그림 속에서 에너지가 살아 움직이기 때문입니다.

한국의 미술 교육 과정에서 "미술은 느낌과 생각을 시각적으로 표현하고, 시각 이미지를 통해 다른 사람과 소통하여 자신과 세계를 이해하는 예술의 한 영역이다"라고 정의 내리고 있습니다. 여기에서 주목할 만한 부분은 '다른 사람과 소통하여'라는 표현입니다. 소통이라는 것은 감상자가 창작 작품을 통해 그린 사람과 연결되는 방식으로 설명할 수 있습니다.

함께 그림을
감상해볼까요?

엄연히 말하자면 그림은 무생물이지만, 정신적 에너지 측면에서 이야기할 때에는 생명이 있는 존재로 이야기할 수 있습니다. 미술 교육학자 루돌프 아른하임은 "미술은 영혼을 만나는 행위이다"라고 설명했는데, 이를 풀어 설명하자면 그림을 통해 창작자와 관객의 영혼이 서로 밀접하게 만난다는 뜻입니다. 작품이 완성되어야지 에너지가 모두 생성되는 것은 아닙니다. 그리다가 멈춰 선 그림에도 영혼이 깃들어 있고, 깃

▲ 〈젊은 노예〉, 미켈란젤로Michelangelo Buonarroti, 1530

든 영혼은 에너지를 만들어냅니다.

미켈란젤로의 〈젊은 노예〉는 미켈란젤로가 대리석에서 "더 이상의 형상이 보이지 않는다"는 이유로 제작을 멈춘 작품입니다. 완성되지 않았지만 미술사에서는 미켈란젤로가 형상을 찾으려고 고군분투했던 과정을 더욱 역동적으로 접할 수 있어 이 작품을 높이 평가하고 있습니다. 다비드의 〈테니스코트의 서약〉은 프랑스혁명이 일어나던 시기, 민중들이 테니스코트에 모여 새로운 시대에 대한 서약을 하는 장면을 담고 있습니다. 그림의 등장인물 중 대다수가 프랑스혁명 중 사망하여 더 이상 그림은 그려지지 않았고 미완성 상태로 남아 있습니다. 프랑스혁명이라는 역사적 사건과 사망한 시민들의 이야기를 알기에 이 그림은 미완성이지만 의미가 큽니다. 이처럼 우리는 퍼포먼스를 하는 과정도, 미완성의 작품도 감상이 가능합니다.

그렇다면 '감상'이란 무엇일까요? 일반적으로 감상鑑賞은 예술작품을 이해하고 즐기는 것을 의미하는 단어입니다. 미술에서 감상을 이야기할 때에는 작품을 깊이 음미하고, 미적인 내용을 이해하며, 즐기는 일련의 모든 행위를 포함합니다. 작가의 생각과 감정이 투사된 다양한 시각적 이미지를 통해 감상자는 즐거움을 얻고 동시에 의도나 주제 등을 함께 즐기는

▲ 〈테니스코트의 서약〉, 자크 루이 다비드Jacques-Louis David, 18세기

미적 체험을 하게 됩니다. 감상은 에너지가 꿈틀대는 미술작품이 관객의 마음에 전달되는 통로와 과정입니다.

감상이라는 단어는 대중적으로 사용되고 있으면서도 다소 막막하게 느껴지기도 합니다. 작품을 어떻게 감상해야 하는지에 대해서는 많은 이론가들이 이야기하고 있지만, 여기에서는 대표적인 미술 비평가 펠드먼의 '감상의 4단계'를 소개하겠습니다. 감상의 4단계는 '서술, 분석, 해석, 판단'으로 언뜻 보기에는 지루하고 어렵게 느껴지지만 이것을 대인관계에 비추어 생각해보면 상당히 익숙합니다. 우리가 이성을 소개받아 새로운 사람을 만나는 과정에 빗대어 그림 감상하는 법을 설명해보겠습니다.

감상의 4단계

서술

금요일 저녁 6시, 약속된 레스토랑에 5분 일찍 도착해서 상대방을 기다리고 있습니다. 정시가 되자 문이 열리는 소리가 들리면서 만나기로 한 상대가 들어옵니다. 이때 1초도 안되는 짧은 시간 안에 첫인상이 결정됩니다. 미술 감상에서의 '서술'은 이미지, 작가, 제목 등을 훑어보며 생겨나는 첫 느낌입니다.

분석

첫인상이 결정되고 나면 그 사람이 어떤 옷을 입고 있는지, 웃는 눈빛은 어떤지, 머리 스타일은 어떤지 자세히 살펴보게 됩니다. 구체적으로 보고 듣고 생각하게 되는 것입니다. 미술 감상에서의 '분석'은 그림이 어떤 색으로 그려졌는지, 붓 터치는 어떤지, 선은 어느 방향에서 어느 방향으로 그어져 있는지, 묘사가 얼마나 디테일한지 등을 살펴보는 것입니다.

해석

이제 대화를 시작하여 성격을 파악해보고, 자주 사용하는 단어나 몸짓도 알아갑니다. 어떤 취미 생활을 가지고 있고 주말에는 무엇을 하는지, 어떤 일을 하는지 등 눈에 보이지 않는 정보들을 수집하며 머릿속에 그 사람의 이미지를 만들어가기 시작합니다. 미술 감상에서의 '해석'은 작가가 어떤 삶을 살아왔는지, 어떤 시대에 이 그림을 그렸는지, 어떤 의도로 그렸는지, 그림 속에 그려진 물체들의 상징 등 작품의 의미를 더 깊게 이해하는 단계입니다. 서술과 분석 단계에서의 감상은 어떤 도움도 없이 할 수 있지만, 해석의 단계에서는 작가의 정보를 알아내기 위해 책에 실린 설명을 찾거나 검색을 하는 등의 일이 필요합니다. 이러한 행위로 얻은 정보는 그림에 담겨 있는 여러 가지 이야기들을 해석하기 위한 보조 역할을 합니다.

판단

이제 '이 사람은 어떤 사람이구나'와 같은 평가를 내리고 더 만남을 이어가는 것이 좋을지 혹은 오늘의 만남에서 그만 둘지 등에 대한 결론을 내립니다. 최종적으로 자신에게 어떤 작품으로 다가오는지에 대해 정의 내리는 것이 미술 감상에서의 '판단'입니다.

판단 이후 이 그림에 대한 호감이 생겼다면 그 다음 단계는 사람마다 모두 다릅니다. 작가의 삶을 더 구체적으로 찾아보기도 하고, 그림을 더 이해하기 위해 그림과 관련된 에피소드를 알아가기도 하고, 작가의 다른 작품들을 찾아보기도 합니다. 혹은 작품 이미지를 SNS에 올려 작품을 보고 느낀 자신의 감정을 표현하기도 하고, 생각이 날 때마다 그림을 다시 보기도 합니다. 이 모든 행동들은 그림의 에너지와 나의 에너지의 주파수가 맞아 떨어져서 일어난 일입니다.

그림의 에너지를
삶에 사용하기

　그림 속에 존재하던 에너지가 감상이라는 통로를 통해 이제 나에게로 흘러 들어왔습니다. 그럼 이제 이 에너지를 나를 위해 사용할 일만 남았습니다. 그림은 내게 어떤 에너지를 주었나요? 힘내라는 위로의 에너지, 생생하게 살아 꿈틀대는 높은 에너지, 누군가에게 늘 인정받지 못했던 한 사람을 공감하는 에너지, 평소에 막연하게 생각하고 있던 생각들을 좀 더 눈에 보이는 형태로 알려주는 에너지. 아니면 구체적으로 설명하기는 어렵지만 그저 봤을 때 느낌이 통하는 행복한 에너지를 전달받았나요?

　이제 이 에너지를 삶에 사용해보세요. 오늘은 내게 어떤 에너지가 필요한지 생각해보고 그림의 에너지를 적극 활용해보세요. 오늘 내게 있었던 일이 무엇인지, 오늘 내가 느낀 감정이 무엇이었는지, 오늘 내가 느끼고 싶었던 감정은 무엇이었는지 등을 떠올려보고, 그림들과 연결시켜보세요. 하나의 그림에 나의 감정이 연결되면 그 그림과 나의 감정이 앵커링 anchoring된 순간입니다.

　　행동경제학 용어이자 심리학 용어인 '앵커링'은 특정 반응을 불러일으키기 위해 특정 자극을 적용하는 것으로, 자극을 반응과 연결하는 것을 의미합니다. 이제 그림을 보고 내가 느끼고 싶은 감정을 떠올리세요. 오늘 느끼고 싶은 감정들을 생각하고, 그림을 선택하고 감상하고, 또 그와 관련된 이야기들을 읽어내려 감으로써 우리는 감정에 적극적으로 빠져들 수 있습니다. 그림에 담긴 에너지를 언제든 꺼내어볼 수 있다는 것. 이것은 그림이 가지고 있는 큰 힘을 여러분에게로 전달하는 일입니다.

트라우마

과거가
반복되면
어쩌지?

"난 항상 운이 좋지 않아." "늘 그래왔으니까."

과거에는 여러 가지의 실패 경험과 좋지 않았던 기억들이 존재하지만 그 안에는 즐거웠고, 소중했던 기억들도 분명 존재합니다. 그러나 인간은 소중했던 기억은 잊고 나쁜 기억만 치중해서 생각하는 경향이 있습니다. 부모—자식 관계를 보았을 때 부모로부터 인격적으로 무시당하고 정서적 학대를 받으면서 큰 아이들은 부모가 아이의 생존과 성장을 위해 노력했던 작은 시도들은 마치 없었다는 듯이 기억하기도 합니다. 하지만 부모는 아이가 어린 시절 두 시간마다 깨서 우는 것을 달래주었고, 밤낮으로 기저귀를 갈고, 아이를 목욕시키고, 먹을거리를 입에 물려주었습니다. 이런 노력들과 기억들은 당연한 것으로 치부하고, 상처받았던 일과 불편한 감정들은 아주 잘 기억합니다.

언제나 그랬듯

이러한 과거의 기억들은 아직 발생하지도 않은 미래의 이야기들을 다시 과거와 비슷한 방식으로 반복되게 하는 역할을 합니다. 마음연구소에 방문했던 한 여성은 과거 회사에서 대인관계가 버거워 퇴사와 이직을 선택했는데, 새롭게 들어간 회사에서도 비슷한 문제로 고민을 했습니다. 과거 회사에서의 기억이 지금 회사 생활에 좋지 않은 영향을 미치고 있는 겁니다.

"난 늘 사람들에게 무시를 당했으니, 이번 회사에서도 무시를 당할 거야. 이거 봐, 저 눈빛. 날 무시하고 있는 것이 분명해.

어? 방금 말 짧게 한 거 맞지? 나 무시한 거네. 이전에 부장님도 나한테 늘 홀대했어. 역시 그럴 줄 알았어. 다른 직원들에게는 모두 친절하게 대하는 것 같은데, 나한테만 어쩔 수 없이 억지 웃음을 짓는 것 같아."

분명 이전 회사에서도 좋은 기억이 있었을 것이고, 성장했던 부분이 있었지만 그녀는 그 부분은 잘 기억하지 못했습니다. 그 대신 과거에 힘들었던 대인관계가 떠오르면서 다시 미래에도 그 관계가 반복될 거라는 왜곡된 신념에 스스로가 지배당하고 있었습니다. 이러한 신념은 대인관계뿐만 아니라 영어를 배운다든가, 몸으로 하는 어떤 운동을 배운다든가, 손재주가 필요한 무엇을 하는 순간에도 '과거에도 못했으니 앞으로도 못할 것이다, 혹은 심지어 과거에 해본 적도 없으니 당연히 이건 못할 것이다'와 같은 부정적인 자기 예언을 만들어 냅니다.

이럴 경우에는 충분히 잘할 수 있는 상황에 놓여도 위축되어 실패하는 선택을 하게 됩니다. 혹은 성공적인 결과를 만나도 '그저 운이 좋았다, 다른 사람들이 잘못해서 내가 잘한 것처럼 보였다'와 같은 부정적인 생각으로 이어집니다. 성공 요인을 자신이 아닌 외부 요인에서 찾는 경우도 있습니다.

같은 상황을 만나도 스스로 잘될 것이라 생각하는 사람들과 잘 안 될 것이라고 생각하는 사람들의 차이를 만드는 것은 무엇일까요? 심리학에서는 자신의 미래에 대한 태도는 자기예언의 성질(긍정적/부정적)에 기반하고 있으며, 이를 피그말리온 효과라는 단어로 설명합니다.

피그말리온 효과

피그말리온은 그리스 신화에 등장하는 키프로스의 왕으로서, 수많은 여성에 대한 결점을 이유로 여성 혐오를 가지고 평생을 살아가던 사람이었습니다. 그러나 피그말리온은 여성의 몸을 조각해나가던 중 자신이 만든 조각상과 사랑에 빠지고 맙니다. 오랜 외로움과 여성에 대한 그리움 때문인지 그는 아름다운 조각상에 '갈라테이아'라는 이름까지 붙여준 후 사람처럼 대하기 시작했습니다. 갈라테이아에게 옷을 입히고, 목걸이를 걸어주고, 따뜻한 말을 걸어주었습니다.

그러나 조각상인 그녀는 아무런 대답도 하지 않고 아무

▲ 〈피그말리온과 갈라테이아〉, 장 레옹 제롬Jean Leon Gerome, 1890

런 미동도 없었습니다. 차가운 그녀 때문에 괴로워하던 피그말리온은 아프로디테 제전에서 조각상 갈라테이아가 자신의 아내가 되길 소망한다는 기도를 진심으로 올리게 됩니다. 이에 감복한 아프로디테는 갈라테이아를 살아 있는 여성으로 변신시켜줍니다. 〈피그말리온과 갈라테이아〉는 갈라테이아가 사람으로 변하고 있는 장면을 생생하게 담은 그림입니다.

피그말리온이 갈라테이아를 안고 키스를 하자, 그녀는 생명을 얻고 활처럼 몸을 구부려 그에게 응답하고 있습니다. 그녀는 자신이 인간이 될 것이라고 끝까지 믿어준 피그말리온에게 감사의 키스를 하고 있습니다. 오른쪽 위의 아프로디테의 아들 큐피드는 이 둘이 사랑하는 사이라는 걸 알려주고 있습니다.

'잘되었으면 좋겠다'라는
마음

마음 깊이 기대하면 이루어질 수 있다는 피그말리온 효

과를 하버드대학교에서 교육학에 접목시켰던 적이 있습니다. 1968년 하버드대학의 로젠탈 사회심리학 연구팀은 초등학교 전교생을 대상으로 IQ테스트를 한 후, 랜덤으로 뽑은 20퍼센트의 아이들에게 'IQ상위 20퍼센트'라는 결과를 믿게 했습니다. 실험 8개월 후, 랜덤으로 뽑힌 20퍼센트의 학생들은 실제 다른 학생들보다 학업 수행 점수가 높았고, 학업 성적도 향상되었습니다. 이것은 그 학생의 친구, 선생님, 부모님, 그리고 자기 자신 스스로 '나는 똑똑한 사람이다'라는 믿음을 부여했기 때문에 나온 결과였습니다. 기대감에 따라 사람의 행동과 수행도는 달라집니다.

마음연구소에 방문하는 내담자들에게 피그말리온과 갈라테이아의 그림을 자주 보여줍니다. 그리고 그들에게 이 그림에서 우리가 배울 수 있는 것들에 대한 이야기를 함께 해주곤 합니다. 피그말리온은 조각상을 보며 두 가지 생각을 할 수 있었습니다. '돌 덩어리를 보고 예쁘다고 하는 것은 바보나 하는 짓이지'라고 생각하며 갈라테이아를 그저 조각상 취급했을 수도 있고, '이 예쁜 조각상이 사람이 되면 얼마나 좋을까? 그럼 맛있는 것도 먹고 예쁜 것도 같이 볼 텐데'라며 긍정적 생각으로 행동을 취할 수 있었습니다. 피그말리온은 후자를 선택했고, 덕분에 갈라테이아라는 아름다운 여인과 사랑하게 될 수 있었습니다. 내담자들에게 "갈라테이아가 사람이 될 확률은 사실상 어느 정도였을까요?"라고 질문을 했을 때, 내담자들은 "그 가능성은 사실상 0에 가깝지 않나요?"라고 반문합니다. 사실상 그러하나, 피그말리온의 '잘되었으면 좋겠다'는 간절한 마음이 좋은 결과를 이끌어낸 것을 잊지 말아야 합니다.

긍정적
자기 예언의 힘

'긍정적 자기 예언'은 잘될 것이라고 스스로에게 되뇌는 자기 대화입니다. 이와 반대로 '부정적 자기 예언'은 실수할 것이고 잘하지 못할 것이라고 되뇌는 자기 대화입니다. 단순히 나 혼자에게 하는 말이 삶의 어느 부분까지 바꿀 수 있을까요? 회사에 가서 "이 페이퍼 오늘은 잘했네" 같은 말을 듣더라도 그 말을 해석하는 방향은 어떤 자기 예언을 하느냐에 따라 '어제는 못했는데 오늘만 어쩌다 보니 잘했다고 비꼬는 건가? 잘했다는 뜻이 그에 비해 그나마 낫다는 뜻인가.' 혹은 '칭찬받았다. 다음번에도 이 정도 퀄리티를 지켜나가야지. 다음번엔 더욱 칭찬받을 수 있게 잘해야지.'와 같이 전혀 다른 방식으로 해석할 수 있습니다.

이러한 상황은 대인관계, 가족, 연인관계, 자존감 등 모든 방면에서 적용 가능합니다. 어떤 생각의 길을 선택했느냐에 따라 삶을 대하는 그다음 행동과 말이 달라질 것이고, 하루의 흐름을 바꾸어놓을 것입니다. 매일 차곡차곡 쌓인 자기 예언의 말들은 일주일, 한 달, 그리고 일 년을 바꾸어내는 힘이 있습니다.

내일 하루를 어떻게 보낼 것인가요? 구체적이고 긍정적으로 '이러 이러한 하루를 보낼 것이다'라고 다짐하고 그날을 꾸려나가 보세요. 분명 자신만이 알아챌 수 있는 작은 변화들이 쌓여 점차 큰 덩어리로 우리 눈앞에 서 있을 것입니다.

난 처음부터
소중하지
않았어

약하게 태어난 동물의 새끼들이 더 강하게 태어난 동물의 새끼들보다 빨리 죽는 것은 생태계의 이치입니다. 생존 가능성이 낮은 새끼에게 동물들의 에너지가 투자되는 것보다 생존 가능성이 높은 새끼에게 에너지가 투자되는 것이 유전자 존속에 유리하기 때문입니다. 약하게 태어난 새끼는 유전자의 50퍼센트를 공유하는 강한 형제들의 생존을 위해 그들 혹은 부모에게 먹혀 영양분이 되는 것이 자연의 생리입니다.

이것은 리처드 도킨스가 《이기적 유전자》에서 이야기하는 생물의 본능입니다. 약한 개체는 살아남지 않는 것이 더

낮다는 것이 생태계의 목소리라는 겁니다. 그러나 인간을 바라봤을 때에는 그 관점이 달라집니다. 어떠한 근거로 인간의 태아가 다른 동물의 성체보다 더 고귀하게 평가되는가에 관해서 과학 내에서도 여러 가지 의견이 대립되고 있지만, 인본주의적 관점에서 본다면 인간은 인간 그 자체로 귀합니다. 대단하지 않다고 평가되는 개체도 살아갈 가치가 있고 사람답게 살 의미는 분명 있습니다.

나를 파괴하는
경향성

인간이 다른 생물과 비교했을 때 우월한 것은 큰 키와 덩치 때문이 아닙니다. 스포츠 선수가 아닌 이상 사람의 내부적인 부분이 더 중요한 평가의 대상이 되어왔고, 그 기준에 따라 자신의 가치를 판단하게 되었습니다. 그런데 흥미로운 것은 '내가 어떤 사람인가'에 대한 평가는 상당히 '주관적인 잣대'로 이루어진다는 것입니다. 즉, 내가 좋은 외모를 가지고 있고 좋은 직장에 다니고 있어도 스스로가 나를 가치 없게 평가한다면 그 사람의 삶은 우울할 수 있고, 삶의 의미를 찾지 못할 수도 있습니다. 또 그와 반대의 경우도 가능합니다. 가지고 태어난 신체 조건으로 나의 가치 순위를 결정하는 것에서 자유로워지기 시작한 인간들은 마음만 먹으면 어떤 상황이더라도 스스로를 가치 있는 사람이라 평가할 수 있게 되었습니다. 그러나 이런 기회가 있음에도 가치 있는 사람이라고 스스로를 평가하는 것을 거부하는 사람들도 늘어났습니다.

사람은 스스로가 더 나아지기 위해 도움이 되는 선택들을 해왔다고 생각하는 것이 인간에 대한 보편적 시선이었지만 인지행동심리학이라는 분야가 발전하면서 이와 역행하며 자신을 파멸적 상황으로 몰고 가는 경향성, 즉 '생득적 자기파괴 경향'이 있다는 것이 밝혀졌습니다. 하루를 살면서 자기 스스로에게 되뇌었던 이야기들을 떠올려본다면 이는 쉽게 이해가 될 것입니다.

'아 또 실수했다', '바보 멍청이, 이것도 못해', '어차피 또 못하겠지' 등 스스로를 혼내고 괴롭히는 부정적 자기 대화들은 습관이 되고, 습관이 된 생각들은 행동을 변화시켜 더 나아갈 수 있는 것들을 가로막습니다. 실패가 반복되면서 부정적으로 변화했을 수도 있고, 어린 시절 부모로부터 자주 혼나면서 성장해서 스스로를 혼내는 데에 있어 익숙할 수도 있습니다. 늘 야단을 맞아왔고, 너는 어찌된 애가 그것도 못하냐는 이야기를 들어왔고, 다른 사람과 비교하는 데 익숙해진 겁니다. 지금은 더 이상 어린 아이도 아니고 혼낼 사람이 없는데도 생각이 자기 비난으로 연결됩니다. 마치 혼나지 않으면 안 되는 사람인 것처럼 잔소리를 하는 사람을 곁에 두고 누군가 자신을 함부로 대하는 것을 허용하기도 합니다. 정서적 학대를 당하고 있는데도 난 원래 그렇게 지냈다는 생각을 하며 크게 문제 삼지 않기도 합니다. 인간이 스스로의 가치를 결정할 수 있는 자유가 있는데도 자신을 낮은 수준에 머무는 사람으로 만들어버리는 겁니다.

나는 나를
어떻게 바라보고 있을까

빈센트 반 고흐는 뛰어난 미술적 재능이 있었는데도 자기 스스로의 가치를 찾지 못했던 대표적인 화가입니다. 고흐는

1853년 네덜란드에서 목사의 아들로 태어났습니다. 그러나 그가 태어나기 1년 전인 1852년, 그의 부모는 아들을 출산한 적이 있었습니다. 그들은 첫 아들에게 빈센트 반 고흐라 이름을 붙여줬지만 아들은 태어난 그날 사망했습니다. 그리고 일 년 뒤에 태어난 아들에게 같은 이름을 붙여줍니다. 이렇게 자신의 이름을 갖게 된 고흐는 과연 자기 자신에 대해 어떤 생각을 하며 살아갔을까요?

검정 배경에 기괴하게 그려져 있는 하얀 물체는 인간의 해골로 추정됩니다. 빛은 뒤통수를 향해 비추고 있고, 죽은 자임이 확실한 해골이 불이 붙어 있는 담배를 피고 있습니다. 죽음 이후 한참의 시간이 지난 시기이지만, 살아 있는 자들의 기호 식품인 담배를 물고 있는 아이러니한 모습입니다. 살아 생전에 그는 어떤 모습을 하고 있었을까요? 어떤 것을 좋아하고 어떤 음식을 즐겨 먹었을까요? 이름은 무엇이었으며 어떤 사람과 사랑을 나눴을까요? 그가 죽음에 이르는 과정은 어떠했을까요?

만약 그에 관한 기록이 남아 있다면 여러 질문과 그에 대한 대답들로 살아생전의 그를 묘사할 수 있을 것입니다. 그러나 그 문장들은 실제로 그가 느꼈던 자신의 모습과는 많이 다를 것입니다. 왜냐하면 인간은 스스로를 주관적으로 평가하

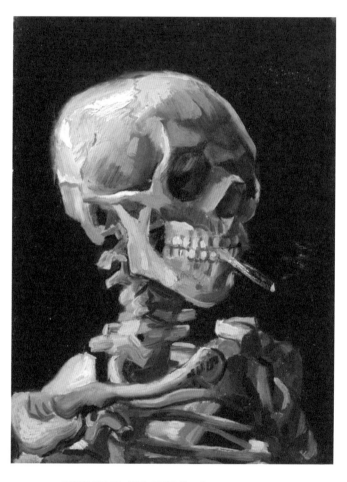

▲〈담배를 물고 있는 해골〉, 빈센트 반 고흐Vincent van Gogh, 1886

는 존재이기 때문입니다. 그는 주변인들과 자신을 비교해가며 스스로의 가치를 부여했을 것이고, 그가 그려낸 자아상이 곧 그를 평가하는 잣대였을 것입니다.

　고흐가 이 그림을 실제 해골을 보고 그린 것으로 추측되지는 않습니다. 의학적으로 이 해골은 구조적인 부분에서 오류가 많습니다. 그렇기에 고흐가 살아 있는 자의 모습을 보며 이 그림을 그렸을 가능성이 높습니다. 당시 고흐는 경제적으로 어려운 상황이었기에 해골을 그리기 위해 돈을 지불하고 모델을 쓰는 것은 부담되었을 겁니다. 그의 환경과 담배를 즐겨 피웠던 것을 고려했을 때 〈담배를 물고 있는 해골〉은 고흐가 거울을 보며 그린 자화상이라고 추측되기도 합니다. 고흐가 느꼈던 스스로에 대한 부정적 감정들을 해골로 표현한 겁니다. 그림으로 인정받지 못한 낮은 자존감, 동생에게 늘 돈을 빌려 당당하지 못한 우울함, 반복되는 사랑의 실패에 대한 자괴감, 미래에 대한 막막함, 일 년 전 아버지의 갑작스러운 사망으로 인한 충격과 죄책감 등을 해골로 표현했다는 이야기는 충분히 설득력이 있습니다. 실패했던 사랑들과 아버지로부터 받지 못한 인정은 그 스스로를 낮게 평가하게 만들었을 겁니다. 태어날 때부터 주인공이 아니었던 그는 스스로를 해골과 같은 존재로 여기며 살았을 겁니다. 이 그림을 그리고 나서 3년 후 그는 권총으로 자살을 합니다.

나를
새롭게 정의 내리기

'나는 이러이러한 사람이다'라고 정의를 내린다면 스스로를 어떤 문장으로 이야기할 수 있을까요? 쉽게 이야기할 수 있는 사람도 있지만, 정의 내리는 것이 어려운 사람도 있을 거예요. 상당히 많은 사람들이 자신을 부정적으로 평가하는 경향성이 있는데, 그 내용들이 사실이 아닐 가능성도 있다는 것을 기억하면 좋겠습니다. 실제보다 더 근사하고 멋진 자아상을 계속 만들어가며 자신의 잠재력을 키워나가는 사람도 있지만 많은 사람들이 안타깝게도 자신을 저평가하고 낮추는 데 시간을 허비합니다.

서른이 된 사람 중에는 벌써 서른이나 되었는데 이룬 것도 없고 내세울 것 하나 없는 자신을 자책하며 우울해하는 사람도 있지만, 서른이라는 젊은 나이이기에 성장을 위해 움직이는 사람도 있습니다. 나는 딱 이 정도인 사람, 어차피 안 되는 사람이라는 생각은 10년 뒤에도 20년 뒤에도 비슷하거나 더 우울한 삶의 태도를 가지게 만들 수도 있습니다. 같은 상황과 조건에서 앞으로를 바꿀 수 있는 것은 '자기 자신에 대한 신뢰와 정의'입니다.

내가 내린 정의에 의해 삶의 질을 변화시킬 수 있습니다. 그동안 자신을 파괴하는 생각들을 오래 지속해왔다면 한 발자국 떨어져서 생각해보세요. 그렇게 판단하고 느껴왔던 이유는 무엇인지, 그것이 과연 합당한 일인지, 오늘을 기점으로 나를 새롭게 정의 내려 더 나은 내일을 맞이할 수 있다면 나를 어떻게 정의 내리는 것이 좋을지 말입니다.

생각의 틀은 형태가 없는 만큼 언제라도 벗어날 수 있고 부서질 수 있습니다. 이 말은 부정적 자기 인식으로부터 우리가 자유로워질 수 있다는 것을 의미하지만, 스스로를 믿고 좀 더 자신이 귀한 사람이라고 새롭게 정의 내렸다 하더라도 그것 역시 쉽게 무너질 수 있다는 뜻도 됩니다. 인간은 다시 예전의 습관으로 돌아가려는 관성이 있기 때문입니다. 자아가 생기던 순간부터 오랫동안 나를 저평가해왔던 사람이라면 그 관성은 더욱 강할 거예요. 그러나 조금 덜 불행할 내일을 맞이할 준비가 되었다면 그때 나를 다시 정의 내리면 됩니다. 그 시간들이 반복되면 스스로를 점차 소중하게 대하는 자신을 만날 수 있습니다.

**다음의 질문들을 통해
스스로를 정의 내려보세요.**

◆

나는 남들과 있을 때 어떤 사람인가요,
또 혼자 있을 때는 어떤 사람인가요?

◆

스스로가 자랑스러웠던 순간은 언제인가요?

◆

나는 무엇에 의해 움직이는 사람인가요?

◆

나를 가장 잘 아는 사람은 누구이며,
그 사람은 나를 어떤 사람으로 생각하나요?

◆

나는 어떤 순간에 살아 있음을 느끼나요?

타인의 감정 크기를 알 수 없다

사랑, 스트레스, 상처, 애틋함, 그리움, 미움, 분노 등 수많은 감정들이 존재합니다. 그리고 그중에서 강력하게, 혹은 자주 사용하는 감정들이 있습니다. 나에게만 유독 특별하게 존재하는 감정들도 있지만 대부분의 사람들이 유사한 감정들을 사용하고 있고, 그 빈도와 크기는 개개인마다 다릅니다. 사람마다 가지고 있는 이러한 감정 크기는 과연 비교가 가능할까요?

아픔의 크기를
비교할 수 있나요?

미술치료에서 투사적 그리기 검사 중 스트레스를 측정하는 대표적인 검사는 '빗속의 사람 그림 검사Person in the Rain'입니다. 먼저 A4용지에 연필과 지우개로 빗속의 사람을 그리도록 합니다. 이때 사람마다 다른 상황과 다른 표정으로 인물을 그려냅니다. 사람이 비를 피하기 위해 사용하고 있는 우산, 우비, 장화 등을 확인하고 표정이 어떠한지, 어떤 상황인지 등을 바탕으로 스트레스 지수와 스트레스에 대처하는 능력을 체크합니다.

두껍고 길고 강한 빗줄기는 그리는 사람의 스트레스가 매우 큰 것을 나타내고, 작거나 방울방울 그려진 빗줄기는 그리는 사람의 스트레스가 매우 작은 것을 나타냅니다.

이러한 심리 검사를 집단에서 할 때, 특히 학교나 직장 등 지인으로 구성된 집단에서 그림을 해석하면 집단원들이 서로 간의 비의 양, 크기, 굵기에 대해 지적을 하는 장면을 가끔씩

볼 수 있습니다. 같은 직장을 다니는 30대 여성 동기들이 함께 신청했던 수업에서 한 집단원이 이렇게 말을 툭 내뱉었습니다.

"야, 너처럼 편하게 사는 애가 무슨 스트레스가 이렇게 많아."

나보다 더 나은 조건이기에 나보다 덜 불행할 거라는 편견, 늘 웃고 있는 사람이기에 나보다 행복할 거라는 편견은 중요한 것을 간과하게 만들고 있었습니다. 마음의 고통은 누군가와 비교할 수 있는 대상이 결코 아닙니다.

연예인의 안타까운 자살 소식을 들었을 때 많은 사람들이 '저렇게 예쁘고 날씬한데 아깝다' 혹은 '내가 저렇게 생겼으면 인생 즐기면서 살았을 텐데'와 같이 보이는 것만을 기반으로 말을 합니다. 이러한 판단은 분명히 잘못됐습니다. 보이는 것이 그 사람의 행복도와 불행도를 반영해주는 잣대가 아니기 때문입니다.

비를 많이 그린 여성 내담자는 그동안 동료들에게 꺼내지 못했던 가족관계와 오래전부터 앓아왔던 우울증에 대해 어렵게 이야기를 꺼내기 시작했습니다. 몇 년간 함께 지낸 동기들이니 이 정도는 말해도 될 것이라고 믿고 용기를 냈습니다. 그러나 안타깝게도 동기들은 핀잔을 이어나갔습니다.

"나는 네가 왜 힘들다고 하는지 이해가 안 가. 그런 걸로 치면 내가 너보다 훨씬 더 힘들지. 네가 이렇게 사람들에게 말할 수 있는 거면 힘든 것도 아니야."

자신의 아픈 감정을 다른 사람에게 잘 드러내지 못하는 사람들이 있습니다. 그들에게 있어서 자신의 상처를 누군가에게 이야기한다는 것은 상상하지 못할 만큼의 큰 용기가 필요합니다. 힘들게 말한 얘기가 별것 아닌 것으로 치부되어버리자 그녀는 그 자리에서 자신의 이야기를 삼켜버렸습니다.

화려해 보인다고
행복한 건 아니니까

무대 위에 화려한 발레 의상을 입고 우아하게 몸을 움직이고 있는 한 소녀가 있습니다. 사뿐히 날아갈 듯한 손동작, 뜨거운 조명이 비추고 있는 스타의 무대. 그녀는 오랜 연습생 시절을 거쳐 드디어 데뷔하고 사람들에게 뜨거운 관심을 받

▲ 〈스타〉, 에드가 드가Edgar De Gas, 1877

고 있는 스타 발레리나입니다.

〈스타〉를 처음 접한 사람들은 아마도 주인공을 보고 직업적 성공, 예쁜 외모, 젊음, 이 모든 것을 가진 부러운 사람이라고 생각할 수도 있습니다. 그러나 이 그림의 배경을 조금이라도 아는 사람이라면 이 소녀가 겪고 있는 삶의 애환을 느낄 수 있습니다.

드가는 프랑스의 화가로 19세기 파리를 중심으로 일어난 근대 미술운동의 한 갈래인 인상주의의 대표적인 작가입니다. 드가는 발레리나, 가수 등 화려한 여성을 즐겨 그린 화가로 알려져 있지만, 모순적이게도 그는 여성 혐오자였습니다.

그는 어린 시절 자신의 어머니가 삼촌과 외도를 하고 있는 장면을 목격했습니다. 아버지는 이 사실을 알고 있었지만 가족의 평화를 위해 넘어가려고 했습니다. 그러나 한번 무너진 가정이 회복되는 것은 쉽지 않았습니다. 드가는 어머니로 인한 가족의 붕괴를 경험하면서 이 세상 여자들이 모두 불행했으면 좋겠다는 마음으로 남은 인생을 살아갑니다.

"여성들과 수다를 떠느니 차라리 울어대는 양 떼들과 있는 게 나아요"라는 말을 남긴 드가는 발레리나가 연습하는 모습, 무대 뒤의 모습, 무대 위의 모습 등 다양한 장면들을 캔버스에 그렸습니다. 드가가 활동하던 당시 발레리나라는 직업은 지금과는 다르게 가난한 집안의 딸들이 생계를 위해 선택하는 직업이었으며, 좋은 스폰서를 만나 후원을 받게 되면 무대에 서고, 돈을 받는 직업이었습니다. 스폰서는 발레리나의 집에 생활비를 주고, 소녀들은 스폰서에게 몸을 허락했습니다.

드가는 그림을 통해 발레리나라는 아름다운 모습과 상반된 내면을 이야기하고 있습니다. 그림 〈스타〉의 뒷편을 보면 정장을 차려 입은 한 남성이 소녀를 지켜보고 있습니다. 이 무대가 끝난 후 소녀와 남성이 무엇을 할지는 정해져 있지만 백조처럼 빛나는 아름다운 소녀의 행복과 불행은 보이는 것만으로는 판단할 수 없습니다.

어렵게 꺼낸 이야기,
들어주세요

자신의 아픔을 누군가에게 이야기할 때에는 그 크기와는 별개로 어떠한 기대감을 가지고 시작합니다. 이 사람이 내 사람일 수 있고, 또 나의 이야기를 들어줄 수 있을 것이라는 기대감입니다. 그러나 그 크기에 대해 판단을 내리거나 또는 자신이 더 힘들다며 갑자기 자신의 이야기를 꺼내놓는 모습을 보면 신뢰감이 사라지는 것과 동시에 실망감과 좌절감이 몰려옵니다.

'나는 이 사람과 이런 이야기를 하고 공감받을 수 있는 관계가 아니었는가. 진짜 내가 말해도 될 것 같다고 생각한 사람들조차도 내 마음을 알아주지 않는다면 나는 정말 말할 데가 없구나.' 남들은 말을 꺼내면 편하다고 해서 힘들게 꺼낸 건데, 예상치 못한 반응이 돌아오니 마음은 더 위축됩니다. '난 아프다고 말하면 안 되는 사람이구나. 남들이 아프지 않다고 이야기하면 난 그냥 안 아픈 사람이구나. 나는 그렇게 살아야 하는구나.' 괜히 이야기를 꺼냈다는 생각이 꼬리에 꼬리를 뭅니다.

웃고 있다고 해서 괜찮은 게 아닌데, 항상 겉모습만 보고 괜찮을 거라고 판단하는 사람들이 있습니다. 나의 기분과 다르게 보여지는 외적인 표정들로 인해 받는 오해를 어떻게 풀어야 할지 모른 채 속으로 고민만 합니다. '난 지금 그런 마음이 아닌데, 나는 그럼 어떻게 해야 하지? 내가 괜찮은 게 아니고 상당히 우울하고, 화가 나 있다는 것을 어떻게 설명해야 하지?'

타인에게 내면의 이야기를 모두 전달한다는 것은 어려운 일일 수 있습니다. 그러나 마음속이 계속해서 곪아가고 있고, 혼자 견디는 데에 한계를 느낀다면 누군가와 공유하는 것이 어떤 부분에서는 편해질 수도 있습니다. 어디서부터 이야기를 꺼내야 할까 망설여진다면 상대방도 충분히 들어줄 준비를 할 수 있도록 노력하며 전달해보는 것도 방법입니다. 늘 괜찮아 보이던 사람이 갑자기 힘든 이야기를 꺼내서 당황하는 것은 어쩌면 당연한 일이니까요.

이야기를 어떻게 시작해야 할지 고민했던 망설임, 당신이 내 사람이라 생각해서 이야기해도 될 것이라고 판단한 믿음, 그리고 어떤 반응이 돌아올지 몰라 느끼는 불안함. 이 감정들을 전달한 후에 이야기를 꺼낸다면 상대도 갑자기 등장한 이야기를 가볍게도, 쉽게도 듣지 않을 겁니다. 반대로 누군가가 나에게 마음을 보여주려고 한다면 그 사람의 이야기가 끝날 때까지 끊지 말고, 지적하지 말고, 판단하지 말고 경청해준다면 큰 위로가 될 거예요. 나에게는 하찮은 사건처럼 보이더라도 그 사람은 여전히 그 일로 아파하고 있으니까요. 그저 따뜻한 위로 한마디가 듣고 싶었던 것일 수도 있습니다.

빗속의 그림 검사를 통해 자신의 스트레스를 체크해보세요.
'빗속에 사람이 있습니다. 자유롭게 그림을 그려주세요.'

◆

비의 양, 굵기, 세기는 어떠한가요?
비는 스트레스의 양을 나타냅니다.

◆

우산, 우비, 장화 등 비를 막아주는 무언가가 있나요?
이들은 스트레스 대처하는 능력을 의미합니다.

◆

함께 우산을 쓴 누군가가 있나요?
그렇다면 힘든 상황에서 누군가에게 털어놓고
의지하는 것이 도움이 됩니다.

◆

비를 만드는 구름은 스트레스의 원인입니다.
당신의 스트레스 원인들을 구체화해보세요.

◆

주변에 높은 건물, 담장, 산, 큰 나무 등이 있나요?
환경적인 부분에서 스트레스를 많이 받을 때
나타나는 그림입니다.

처음과 같이
유지될 거라는
착각

어떤 역경이 있어도 잘 헤쳐나가는 것이 진정한 사랑이라고 생각하는 경우, 관계를 유지하는 것 그 자체가 사랑이라고 믿는 사람들이 있습니다. 관계가 이미 틀어졌는데도, 헤어짐과 만남을 반복하면서도 그 관계를 유지하기를 희망합니다. 관계는 이미 조각나 있지만 자신이 고통받는 것을 받아들이기만 하면 계속 유지될 것이라고 착각하는 것입니다. 그러나 깨진 그릇을 아무리 정교하게 붙이더라도 처음과 같지는 않습니다.

한 사람이 일방적으로
끌어가는 관계

　남자친구와의 문제로 마음연구소에 방문했던 30대 중반의 여성은 1년 반 정도의 기간 동안 어렵게 연애를 이어나가고 있는 중이었습니다. 1년이 넘은 시점에서 어느 순간부터 남자친구가 일방적으로 화를 냈고 그녀는 어렵게 찾은 안정감을 잃고 싶지 않다는 생각에 그와의 관계를 계속 붙잡았습니다. 6개월 전부터 헤어졌다 만났다를 반복하는 중이었고, 어느 순간부터는 연애 중인지 아닌지 스스로도 잘 모르는 일상이 지속되었습니다.

　함께 있던 도중 하나의 빌미가 그의 화로 이어져 그가 먼저 가버릴 때도 있었고, 참다 못한 그녀가 울면서 그만하자고 한 적도 있었습니다. 그러나 그리고 나면 그녀는 늘 그의 집에 찾아갔습니다. 때론 무릎을 꿇고 자신을 버리지 말라고 눈물을 흘린 적도 있습니다. 이렇게 하고 자신이 더 잘해주면 그가 다시 친절하게 대해주고 예전으로 돌아갈지 모른다는 희망을 놓고 싶지 않았습니다. 그냥 집에 돌아가라는 그의 말에 그녀는 "껍데기라도 좋으니 옆에 있게 해달라"고 말하며 붙잡은 적도 있었습니다.

"그 사람이 화를 내도 제가 화를 내지 않으면 싸움이 생기지 않으니까요. 제가 가만히 있으면 다 괜찮아질 줄 알았어요. 다시 누군가를 만나는 게 어려울 것 같기도 했고요."

그녀는 감정을 억누르고 억누르다 보니 스트레스가 쌓였고 머리가 빠져서 탈모 치료를 받기 시작했습니다. 우울감이 더 이상 조절되지 않아 항우울제를 복용하기 시작했습니다. 사흘을 만나고 다음 날 헤어졌다가 이틀 뒤 또 만나는 일들이 반복됐습니다. 그가 언제 화낼지 모른다는 생각은 그녀를 불안하게 만들었고 만나는 내내 살얼음판 위를 걷는 듯했습니다. 불안이 들킬까 봐 더 밝게 웃었지만 그녀의 마음은 떨고 있었습니다.

이미 관계는 6개월 전에 종료되었습니다. 한 사람이 일방적으로 끌고 가는 연애였습니다. 그녀가 자신의 감정과 생각을 버려가며 상대에게 맞추며 유지했던 관계는 이미 죽은 시체를 질질 끌고 가는 것과 마찬가지였습니다. 이미 끝났다는 생각이 들었을 때에도 지금까지 과하게 노력한 시간과 에너지가 있으니 조금 더 노력해보자는 매몰 비용의 오류에 빠졌습니다. 상담을 시작한 지 한 달이 지난 시점에서야 그녀는 관계가 이미 돌이킬 수 없는 상황이라는 것을 깨달았습니다. 그다음 상담은 고갈된 그녀를 위한 충전의 시간들로 채워졌습니다.

위태로운
평화의 시간들

미술치료 시간에 그녀가 골랐던 그림 중 하나가 도미에의 〈유럽의 균형〉이었습니다. 그녀는 헤어지고 만나고를 반복하면서 함께하는 시간에서 느꼈던 감정이 이 그림 속에 고스란히 담겨 있는 것 같다고 설명했습니다. 그림 속에는 한 여성이 둥근 폭탄 위에서 양팔을 벌리며 균형을 잡고 있습니다. 금방이라도 폭탄이 굴러갈 것 같은 이 상황에 여성의 표정은 불안하기 그지 없습니다. 펄럭이는 옷은 그녀가 균형 잡기가 더 어

▲ 〈유럽의 균형〉, 오노레 도미에Honoré Daumier, 1867

렵도록 바람이 불고 있다는 것을 알려줍니다.

그림 속 주인공은 평화의 여신입니다. 1800년 중반부터 혼란의 시기였던 유럽이 1864년 멕시코 사건 이후 잠시 소강 상태에 들어가게 되며 오랜만에 전쟁이 없는 평화의 시간을 보내게 됩니다. 그러나 실제로 그들이 진정한 평화를 되찾은 것은 아닙니다. 당장 전쟁 중은 아니지만 유럽인들은 지금의 평화가 일시적이라는 사실을 알고 있었습니다. 평화를 약속한 이들 중 한 명이라도 다른 생각을 가진다면 언제 무너질지 모르는 일이었습니다.

어렵게 균형을 잡고 있던 평화의 여신은 결국 넘어졌고 유럽은 피로 물들었습니다. 이 그림이 완성된 지 1년 후인 1868년 프로이센과 오스트리아의 전쟁이 다시 시작되었습니다.

멈출 수 있어서
다행이야

노력해서 얻은 결과가 더 값지고 소중하게 여겨질 수 있습니다. 그러나 이미 깨어진 관계는 비슷한 이유로 비슷한 곳에 다시 금이 갑니다. 해볼 만큼 해보고 관계를 정리했을 때 '충분히 다했다'는 만족감도, 상대에 대한 미련도 털어낼 수 있는 것도 사실입니다. 그러나 이미 충분히 다해서, 고갈되어 더 이상 끌어다 쓸 감정이 없는데도 관계를 유지하기 위해 노력하는 것은 오히려 더한 후회를 남깁니다. 그녀는 남자친구와 결국 이별했지만 다른 감정들로 괴로워했습니다.

"제가 그때 왜 끝내지 못하고 질질 끌었을까요. 제가 왜 그렇게까지 망가져야 했었을까요. 저를 결국 그 사람의 시간에 묶어놨었네요."

어떤 선택을 하더라도 후회는 있을 수 있습니다. 반려동물과 이별한 내담자들이 마음연구소에 방문하는 경우 여러 선택지에서 모두 후회하는 모습을 보입니다. 특히 아픈 아이를 반려했던 분들은 "아이가 아파하고 있는데 내 욕심을 채우자고 끝까지 안락사를 안 시켰다"는 자책을 하기도 하고 "더 살 수 있는 애를 내 마음 편하자고 안락사로 보냈다"는 자책을 하기도 합니다. 어떤 선택을 해도 후회는 남습니다. 관계를 종료하는 선택에 있어서도 마찬가지입니다. 어떤 선택도 아쉬움을 남깁니다.

반려동물과의 만남은 이별을 바라보고 시작합니다. 아이들의 수명이 우리보다 짧기에, 오래 함께하면 좋겠지만 언젠가는 아이를 보내줘야 한다는 것을 알고 시작합니다. 그러나 인간관계는 다릅니다. 좋은 사람과 오래오래 관계를 만들어가고자 하는 바람을 대부분의 사람이 가지고 있습니다. 그러나 관계의 방향이 생각과 다르게 흘러가기도 합니다.

사람들은 식사를 하면 배가 불러오고 숟가락을 놓을 시점을 예상할 수 있습니다. 그러나 배가 부르지 않아도 건강을 위해 더 일찍 숟가락을 놓을 수도 있고 배가 불러도 좋아하는 음식을 조금 더 먹을 수도 있습니다. 깨져버린 관계를 이미 가득 차버린 위의 상태에 빗대어 표현할 수 있습니다. 아무리 맛있는 음식이 앞에 있더라도 개인이 먹는 양에는 한계가 있습니다. 배가 부른 상황에서 더 먹게 되면 불쾌한 기분을 느끼거나 여기서 더 먹을 경우 구토를 할 수도 있습니다. 오랜 시간 많은 감정을 투자했던 관계라 하더라도 임계치를 넘어간 관계는 서로에게 불행한 시간만 늘릴 뿐입니다. 여기까지 와버린 것이 아니라 지금이라도 멈출 수 있어서 다행입니다. 과거 그때라도 멈추어서 정말 다행입니다.

다음 질문을 통해 나와 다른 사람의 관계를 생각해보세요.

◆

소중한 관계에서 '상대방'과 '나'의 균형이 잘 맞고 있나요?

◆

함께한 시간이 아까워서 정리하지 못한 관계가 있나요?

◆

과거에 누군가와 관계를 정리하면서
후회됐던 부분은 어떤 건가요?

◆

지금의 관계가 언젠가 끝난다는 생각을 했을 때
나는 소중한 사람과 무얼 하고 싶나요?

◆

위태롭게 관계를 유지하는 친구가 있다면
어떤 말을 해줄 수 있을까요?

그림이
가지고 있는
소통의 힘

마음을 들여다보기 위해 사용하는 그림 중 가장 많은 비율을 차지하는 것이 명화입니다. 명화는 그 분류와 뜻이 사실 애매합니다. '아주 잘 그린 유명한 그림'을 뜻하는 명화는 오래된 그림을 뜻하는 단어도 아니고 기술이 뛰어남을 의미하는 단어도 아닙니다. 통상적으로는 어느 정도의 대중이 알 정도로 유명하며, 미술의 성장과 흐름에 영향을 미쳤으며, 유명한 하나의 작품 이외에도 작가를 설명할 수 있는 여러 작품들이 함께 존재하는 것을 '명화'라고 칭합니다. 물론 여기에 해당하지 않는 작품도 존재하지만 통상적으로 말하는 기준의 명화만을 다루어보겠습니다.

명화를 선택하는 이유는 다양합니다. 먼저, '이 화가 이름을 한 번쯤은 들어봤다'라는 친숙함이 그림에 대한 호감도를 높입니다. 그림 자체가 익숙하지 않더라도 이름이 익숙하면 쉽게 눈길이 갑니다. 대부분의 사람들이 반 고흐라는 화가를 알고 있습니다. 하지만 〈술 마시는 사람〉은 고흐의 그림 중에서 잘 알려지지 않은 편입니다. '고흐가 이런 그림도 그렸네?'라는 생각이 그림에 대한 호기심을 불러일으킵니다. 술을 좋아했다고 알려진 고흐는 대낮부터 연거푸 술 마시는 사람들을 화폭에 담았습니다. 더 흥미로운 사실은 고흐의 〈술 마시는 사람〉은 프랑스의 풍자 작가 오노레 도미에의 〈술 마시는 네 살짜리〉에서 영감을 받아 그린 그림이라는 것입니다. 도미에는 노동자들의 고된 노동과 알코올중독에 대한 안타까운 메시지를 흑백으로 표현했지만, 고흐는 여기에 색을 더했습니다. 자신이 사랑한 녹색 술 압생트를 반영하여 테이블도, 사람도 녹색으로 그렸습니다. 아이는 우유를 마시고 있는 모습으로 표현했습니다.

명화는 시대상을 반영합니다. 1800년대의 유럽은 혼란의 시기였습니다. 1849년 수립된 로마 공화국은 나폴레옹 3세에 의해 붕괴되었습니다. 1864년 멕시코를 점령한 나폴레옹 3세

▲〈술 마시는 사람들〉, 빈센트 반 고흐, 1890
▼〈술 마시는 네 살짜리〉, 오노레 도미에, 1862

▲〈유럽의 균형〉, 오노레 도미에, 1867
▼〈평화가 칼을 삼킬 때〉, 오노레 도미에, 1867

가 막시밀리안을 황제로 내세우려 했지만 내전은 길어지고 뜻대로 되지 않고 막시밀리안이 총살당하며 전쟁은 잠시 소강 상태에 접어듭니다. 언제 터질지 모르는 위태로운 평화의 시기가 흘러가고 있었습니다.

도미에는 〈유럽의 균형〉에서 평화의 여신이 폭탄 위에서 긴장된 표정으로 균형을 잡고 있는 모습을 표현했습니다. 이 그림은 많은 사람들에게 공감을 받습니다. 살얼음판 같은 대인관계에서 지쳐가는 내담자들은 이 그림에서 자신의 모습을 찾기도 합니다. 〈평화가 칼을 삼킬 때〉에서는 급기야 평화의 여신이 자신의 입에 칼을 집어넣고 있습니다. 늙고 지친 평화의 여신이 이제 모든 것을 끝내고 싶다는 마음으로 자신을 죽일지도 모르는 칼을 입에 넣고 있습니다. 노력하고 애쓰고 남들을 위해 희생하며 살아왔던 많은 사람들은 어제도 오늘도 칼을 삼키며 하루를 버티고 살아가고 있습니다.

1800년도에서 1900년도를 넘어가는 시점에 작가들은 세기가 변해가는 불안감, 세계대전의 참상과 안타까움을 그림에 담았습니다. 시대상이 담겨 있는 그림은 관람객들이 상황을 투사할 수 있도록 만듭니다. 인생의 큰 변화를 겪는 사람들, 사랑하는 사람을 잃은 사람들, 새로운 영역에 도전하는 사람들은 그림을 통해 자신을 이야기할 수 있습니다.

나는 어떤 그림을
좋아하는 사람일까

"미술과 친해지고 싶은데 어디서부터 시작해야 할지 모르겠어요." 결혼하면서, 혹은 이사하면서 집에 그림을 걸고 싶은데 어떤 그림을 걸어야 할지 모르겠고, 또 그림과 친해지면서 교양도 쌓고 힐링을 하고 싶은데 어디서부터 해야 할지 잘 모르겠습니다.

이럴 때는 우선 모든 대상을 접해보고 그다음을 결정해보라는 조언을 합니다. 평소에 자신이 막연하게 좋다고 느낀 대상들도 미술치료 현장에서 접하면 자신을 지치게 할 수 있고, 반대로 흥미가 없던 대상을 미술치료 현장에서 접하면 좋은 에너지를 받을 수도 있습니다.

우선 잘 모를 때에는 쉽게 여러 가지를 접해보는 것이 좋습니다. 미술을 체험해보는 것입니다. 그림에 대한 정보를 몰라도 감상법을 몰라도 가볍게 콕콕 여러 그림을 마음에 잠깐씩 머물게 하는 것이 중요합니다. 아직 미술이 생소하고 친해지는 과정이라면 자신의 취향을 너무 단정 짓지 않는 것이 좋습니다. '난 추상화와는 잘 맞지 않는 사람이야'라고 단정 짓고 미술을 접하기 시작하면 힐링이 될 수 있는 다양한 영역을 놓칠 수 있습니다. 클래식은 지루하다는 생각으로 찾아 듣지 않던 사람이 뒤늦게 클래식의 매력에 빠져 아쉬워하는 것처럼 세상에는 알고 보면 나와 잘 맞고 매력적인 예술들이 얼마든지 있습니다.

작품과 함께 감정들을 들여다보면서 나라는 사람에 대해 더 잘 알게 됩니다. 나는 작품 속에 있는 이미지의 상징들을 찾기 좋아하는 사람일 수도 있고, 추억 속 감정들과 그림의 서사를 연결시키기 좋아하는 사람일 수도 있고, 작가가 강렬하게 보내는 메시지를 읽는 것을 좋아하는 사람일 수도 있습니다. 수동적으로 정보를 받아들이며 감상하는 것보다 의미를 부여하며 이야기를 만들어가는 것을 더 좋아하는 사람일 수도 있고, 작품을 통해 얻은 정보와 생각들을 다른 사람과 공유하는 걸 좋아하는 사람일 수도 있습니다. 같은 그림과 글을 접해도 사람마다 다른 반응을 보입니다. 나는 어떤 사람일까요?

화가의 삶을
염탐하기

　명화를 남긴 작가들은 삶의 이야기가 많이 노출되어 있습니다. 아무리 훌륭한 한 폭의 그림을 남겼더라도 그에 대한 기록이 없으면 우리는 작가의 삶을 잘 알지 못할 것이고 그림 또한 쉽게 이해하고 공감하지 못합니다. 작가의 스토리는 우리가 그림과 소통할 수 있도록 도움을 줍니다. 그림을 이해하는 데 있어서 작가가 남긴 작품들을 알아보고 그 흐름을 따라가는 것은 아주 중요합니다.

　화가 에드바르트 뭉크의 그림을 보면 작가의 삶을 알아가며 그림을 감상하는 것의 중요성을 알 수 있습니다. 대중에게 가장 알려진 대표작은 〈절규〉입니다. 화면을 가로지르는 다리와 흘러내리는 듯한 인물의 강렬한 이미지에 많은 사람들이 매료되었습니다. 수많은 패러디 작품들도 존재하고 작가가 사망한 지 70년이 지나 저작권이 자유로워지자 관련 상품들도 쏟아져 나왔습니다.

　그러나 뭉크의 고향 노르웨이에서 뭉크를 대표하는 작품으로 선정한 것은 절규가 아닌 〈태양〉이었습니다. 앞면에 뭉

▲ 〈절규〉, 에드바르트 뭉크Edvard Munch, 1893

▲ 〈태양〉, 에드바르트 뭉크, 1916

크가, 뒷면에 태양이 실려 있는 노르웨이의 100크로네 지폐는 이를 증명합니다. 극명하게 대비되는 두 작품은 같은 작가가 그렸다고 생각하기 어렵습니다. 어떤 시간들이 그를 절규하게 만들었고, 어떤 시간들이 태양을 떠오르게 만들었는지 궁금해집니다. 어머니, 누나, 아버지, 남동생, 그리고 사랑했던 여인을 죽음으로 잃게 되면서 그가 느꼈던 불안은 〈절규〉에 압축적으로 나타나 있습니다. 그러나 과거의 자신과 직면하고 정신과 치료를 통해 미래와 희망을 볼 수 있었을 때 그는 〈태양〉을 그려냈습니다. 우리는 그의 서사와 그림을 통해 마음의 상처를, 힘든 지금을 이겨낼 수 있는 희망의 메시지를 전달받습니다.

작가의 삶을 따라 작품들을 따라가며 감상하는 것은 한 사람의 인생 서사를 미술로 감상하는 의미를 지닙니다. 이미 사망한 작가의 작품들이 완결된 소설이라면, 동시대를 살아가는 작가들의 작품은 연재 중인 소설과도 같습니다. 현대 작가들의 작품을 감상하는 것이 재미있는 이유는 다음 이야기가 궁금해지기 때문입니다. 작가의 경험에 따라, 가치관에 따라 작품의 방향은 달라집니다. 그러나 작가도 아직 그 길이 어떤 모습을 하고 있을지는 모릅니다.

대중적으로 소개된 명화들은 한 작가를 대표하는 그림

들 중 하나입니다. 그 작품이 작가의 마지막 작품이 아닌 이상 그다음의 이야기는 분명 존재합니다. 반대로 작가가 과거에 어떤 그림을 그렸는지 시간을 거슬러 올라가는 것도 흥미로운 감상 포인트입니다.

유명한 예술가들의 인생은 한 편의 영화로 제작되기도 합니다. 처음 접하는 작품을 감상하며 작가의 사진을 찾아보는 것도 좋습니다. 그림을 그린 사람이 어떤 사람일지 상상하는데 도움이 됩니다. 나만의 상상으로 작가의 삶을 들여다보며 영화와 같은 서사를 떠올려보는 것도 재미있는 감상 포인트가 될 수 있습니다.

거짓말이 이렇게 커질 줄 몰랐어

진실이 아닌데도 상대방이 믿게 하려고 사실인 것처럼 꾸며서 하는 말은 명백한 거짓말입니다. 대부분의 사람들은 거짓말을 하면서 자신이 사실과 다른 이야기를 하고 있다는 것을 잘 알고 있습니다. 그러나 종종 거짓말이 스스로를 속일 만큼 정신 속에 침투해버리기도 하는데, 이렇게 거짓 상황에 도취되어 자신이 만든 거짓 세계를 믿어버리는 사람들을 '리플리 증후군'이라고 일컫습니다. 거짓말을 한다는 죄책감도 없고, 자신이 진실을 말한다고 생각하기도 합니다.

그런데 리플리 증후군이 아니더라도 반복적으로 거짓말

을 하는 사람들도 있습니다. 그들의 심리는 무엇일까요? 거짓말 중에는 타인을 궁지로 몰거나 해를 끼치기 위한 악의적인 거짓말도 있지만, 자기 스스로를 지키기 위한 거짓말도 있습니다. 어린 시절에는 선생님이나 부모님으로부터 혼나지 않기 위해, 친구들 사이에서 고립되지 않기 위해 거짓말을 합니다. 다른 사람과의 관계에서, 경쟁에서 시작되는 거짓말은 자신을 보호하여 사회에 소속되기 위한 노력 중 하나입니다. 하지만 아이러니하게도 대인관계를 유지하기 위해 수단으로 사용한 거짓말이 탄로 날지 모른다는 걱정에 오히려 관계가 불안해지기도 합니다.

그냥 잘 보이려고
했던 말들

마음연구소에 방문했던 30대 초반의 한 여성 내담자는 오래 만난 남자친구와의 관계에서 쌓이고 쌓인 거짓말로 인해 매일이 불안한 상황에 처해 있었습니다.

> "처음에 남자친구와 이렇게 진지한 관계까지 올 줄 모르고 졸업한 학교부터 부모님 직업까지 가짜로 말했어요. 그냥 호감을 얻고 잠깐 만나보자는 의도였는데 2년 가까이 관계가 지속되었어요. 그런데 남자친구가 미래에 대한 이야기를 꺼내는데, 언젠가는 들통이 날 거 아니에요. 들키기 전에 그냥 헤어져야 하나 하는 생각도 들고, 솔직하게 이야기할 생각을 하니 2년 동안 속여왔다는 사실에 그 사람이 어떻게 반응할지도 너무 무서워요."

그녀는 연애를 유지하기 위해 계속해서 거짓말을 불려나가야 했고, 가짜로 말한 자신의 학벌과 부모님으로 인해 가상의 생활양식과 지인들을 만들어나가야 했습니다. 무서운 것은 어느 순간 거짓말들이 새로운 자신의 자아처럼 편하게 느껴진다는 것입니다. 그녀는 남자친구 앞에서 자신이 좋은 대학을 가기 위해 얼마나 애썼는지를 웃으면서 말하고 있었습니다. 편의점 사장님인 아버지는 무역회사 대표로 둔갑되어 있었고, 평생을 어려운 형편 속에서 전업주부로 살아야 했던 어머님은 여가를 즐기며 사는 사모님이 되어 있었습니다. 그녀는 좋은 환경에서 자라 여유로운 삶을 사는 남자친구의 수준과 맞추려고 애썼습니다. 남자친구는 부모님께 그녀를 소개하고 싶어 했으나 그녀가 계속해서 피하자 이해가 되지 않아 화를 내기도 했습니다. 이제 그녀는 더 이상 거짓말을 지속할 수 없다고 생각했습니다. 잘 보이고 싶어서 만든 거짓말들이었는데, 이 거짓말 때문에 그 사람과의 관계가 끝날지도 모르는 상황이 되었습니다.

새빨간 거짓말이
피었다

거짓말을 표현할 때 '새빨간 거짓말'이라는 단어를 사용합니다. 고대 일본의 에도시대에 악질적인 거짓말로 민심을 현혹시킨 자에게 불에 달군 새빨간 떡 12개를 먹여 질식사 시키던 형벌에서 유래된 표현입니다.

여기, 그림 속에도 새빨간 꽃이 피어 있습니다. 이 그림을 그린 작가 몬드리안은 네덜란드의 추상주의 화가로 하나의

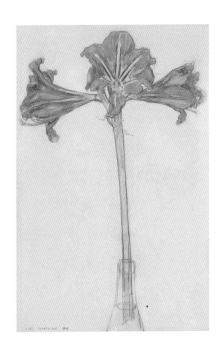

▲ 〈아마릴리스〉, 피에트 몬드리안Piet Mondrian, 1907
▼ 〈아마릴리스〉, 피에트 몬드리안, 1910

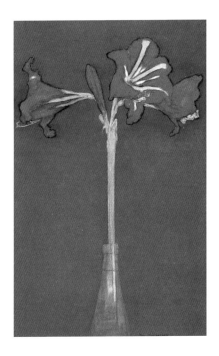

대상을 점차 단순화시켜 강렬한 색채로 표현하는 기법이 특징적입니다. 그는 정물이나 풍경 등을 분화하고 쪼개서 오히려 단순한 형태로 그려냈는데, 이것은 대상이 복잡해지면서 동시에 단순해지는 모순적인 상황을 보여줍니다.

첫 그림에서 아마릴리스 꽃은 스케치에 색이 얹어진 듯한 느낌으로 그려져 있고, 눈에 관찰되는 사실에 기반하여 그려진 것으로 보입니다. 그러나 그림은 점차 단순해지고, 입체감도 점점 사라집니다. 두 번째 아마릴리스의 배경은 빠져들 것 같은 코발트 블루가 하나의 면처럼 균일하게 칠해져 있고, 꽃은 더 이상 빨개질 수 없을 정도로 새빨간 높은 채도와 명도의 색으로 피어나 있습니다.

거짓말은 몬드리안의 〈아마릴리스〉 연작 속의 변화와 유사합니다. 처음에는 어느 정도 사실에 기반하여 자신의 상황에서 아주 약간의 거짓을 더했을 뿐이었습니다. 아직은 진짜에서 크게 멀어지지 않은 이야기들을 하고 있었습니다. 그러나 이 거짓말은 점차 농도가 높아지고, 현실에서 멀어져버립니다. 꽃의 색은 최고조로 빨개집니다. 적나라한 진실이 곧 드러날지도 모르는 상황에서 꽃은 더욱 생생하고 뻔뻔하게 피어 있습니다. 마치 거짓이라고는 하나도 없는 것처럼 말입니다.

자신에게
묻는 진실

어느 정도의 거짓말은 삶을 안정적으로 유지하기 위한 하나의 방법이 될 수는 있습니다. 부모가 아이의 불안을 키우지 않기 위해 껄끄러운 부부관계를 숨기기도 하고, 직장에서 불편한 감정을 속이면 사람들과의 관계가 좀 더 부드럽게 유지되기도 합니다. 어디까지나 선한 의도의 거짓말은 분명 존재합니다.

그러나 상대에게 호감을 사기 위해, 혹은 관계가 멀어질까 하는 두려움에서 만들어낸 거짓말은 어느 순간 눈덩이처럼 불어납니다. 상대방이 싫어할까 두려워 진짜 자신과 다른 모습들을 만들기 시작하면 계속해서 그 역할을 연기해야 하는 상황에 놓입니다. 거짓말과 진실 사이에서 발생하는 간극으로 마음이 불편해도, 이 정도는 괜찮다는 합리화가 결국 나 스스로를 속이게 됩니다. 자기 자신에게 하는 거짓말은 자기기만이 되어버립니다.

거짓말을 유지할수록 불편한 감정은 점점 둔해지지만 마음속에 생기는 죄책감은 점점 무거워집니다. 거짓말을 하면서 서로에게 도움이 될 것이라며 합리화하기도 하고, 나중에는 될 대로 되라는 생각으로 빈번하게 더 거짓을 말하기도 합니다. 사기, 허세, 합리화, 상황 모면, 죄 숨기기 등 그 목적은 다양하지만 상황의 부드러움 안에 스스로를 속인다는 불협화음은 분명 존재합니다.

더 나은 상황을 위해 거짓말을 할 수는 있으나 자기 스스로 그것이 거짓이라는 것을 외면하려 해서는 안 됩니다. 어쩔 수 없는 상황은 존재하지만 그 안에서 중요한 것은 스스로에게는 진실을 이야기해야 한다는 것입니다. 거짓으로 자기 자신까지 속여버리는 것은 진짜 나를 잃어버리는 것일 수도 있습니다.

마음연구소에 방문했던 한 내담자 중 오랜 시간 남편의 폭력을 견디다가 이혼을 결정했을 때즈음 친정어머께 이 사실을 알렸던 여성이 있었습니다. 그녀는 어머께서 걱정을 할까 봐 그동안 "저는 잘 지내요. 걱정마세요 엄마"라는 거짓말을 늘 했지만, 몇 년간 고통 속에서 살아야 했습니다. 이럴 때는 나 스스로에게 분명히 물어보아야 할 것입니다. 자신이 정말 괜찮은 것인지, 사실 괜찮지 않다면 무엇 때문인지, 그럼 정말 괜찮아지기 위해서는 무엇을 할 수 있는지 말입니다. 어린 시절의 나와 훗날 나이가 들은 내가 지금의 상황을 보았을 때 어떤 조언을 해줄 수 있을까요?

자신에게 거짓이 아닌 진실을 묻고 괜찮다고 대답했다면 어쩌면 그것은 그 사람에게는 괜찮은 것일 수도 있다는 가능성도 열어두어야 합니다. 그녀는 어머니에게 걱정을 끼치지 않았던 시간들에는 후회가 없다고 이야기했습니다. 새빨갛게 꽃이 피어도 그것에 더 가치를 둘 수 있습니다. 살아가는 방식은 사람마다 다르니까요.

**스스로에게 진실한 사람인지 다음의 질문을 통해
나 자신을 들여다보세요.**

◆

내가 한 거짓말 중에 가장 후회되는 것은 무엇인가요?

◆

내가 들었던 거짓말 중에 가장 상처가 되었던 것은 무엇인가요?

◆

사람들이 내가 한 거짓말의 진실을 알게 되면
어떤 생각을 할까 봐 겁이 나나요?

◆

누군가가 나를 생각해 한 거짓말이라면
거짓말이라도 괜찮을까요?

◆

나 스스로에게조차 하고 있는 거짓말이 있나요?

평소에는
잘해줬어요

자신을 함부로 대하는 것에 익숙한 사람들이 있습니다. 실제로 매를 맞거나 욕을 듣지 않더라도 자신을 가치 있게 대하는 것이 이 사람들에게는 어렵습니다. 익숙하지 않은 것은 생소하고, 생소한 것들은 내 것이 아닌 것처럼 다가옵니다. 그래서 계속 익숙한 곳에 갇혀 있으려는 시도를 하는 경우가 있습니다. 분명 자신에게 피해를 주는 상황인데도 불행함 속에 계속 머물곤 합니다.

나를 함부로 하는 사람에게
익숙해졌어요

마음연구소에 방문했던 한 30대 여성은 어린 시절을 아버지의 신체적 학대 속에서 보냈습니다. 성인이 되면서 아버지의 학대는 멈췄지만, 아버지로부터의 무시와 인격적 비하는 그녀의 삶을 지속적으로 무가치하게 만들어왔습니다. 처음 그녀가 마음연구소에 방문한 것은 공허함과 우울함 때문이었습니다. 그녀는 부정적인 감정들이 대인관계에서 비롯된다는 사실을 알지 못하고 있었습니다. 그녀는 몇 회기의 상담을 통해 다른 사람들의 언어적 학대에 대해 불쾌감을 느끼고 있으면서도 스스로 편안함을 느끼고 있다는 것을 깨달았습니다.

"남자친구는 화가 나면 때리고, 욕을 하기도 해요. 그땐 어떻게 하면 이 시간이 빨리 지나갈까, 그 생각뿐이에요. 그 시간을 버티고 나면 미안하다고 사과하고 사랑한다고 말해주는데, 그때 안아주는 포근함이 좋아서 화날 일을 만들지 말아야겠다는 생각만 했어요."

상담을 하면서 때리거나 욕을 하지 않는 사람에게도 이성적 호감과 포근함을 느낄 수 있는지에 대해 물었습니다. 그녀는 이렇게 대답했습니다.

"저도 친절하기만 한 사람을 만난 적이 있어요. 말로는 사랑한다고 말하는데, 저에게 관심이 없다는 생각이 들었어요. 친구들을 만나러 간다고 해도 잘 다녀오라고 하고, 전화를 받지 못한 것에 대해 크게 나무라지도 않았어요. 그래서 사랑하지 않느냐고 제가 따지고 그는 아니라고 변명하고 그러다가 관계가 끝났어요."

수평하지도
수직하지도 않은 관계

반복되는 폭력에 노출되어 이에 익숙해지는 사람들을 칭

하는 심리학 용어 중 '매 맞는 아내 증후군'이 있습니다. 미국의 심리학자 러노르 워커는 약하게 시작된 폭력이 심각한 폭력으로 연결되고, 그런 폭력 뒤에 이어지는 남편의 사과와 뉘우침이 반복 순환되는 현상을 이와 같은 용어로 설명합니다. 신체적·정서적 학대를 가한 상대방이 자신의 앞에서 뉘우치고 사과하는 것을 보면 평소에 따뜻한 모습들이 떠오릅니다. 원래는 이 사람이 좋은 사람이고, 앞으로 그러지 않겠다는 약속을 믿고 싶어지는 겁니다. 이러한 희망을 버리고 싶지 않은 사람들은 반복되는 상황에서 벗어나지 못합니다.

엄한 부모님 아래에서 성장한 사람이라면 자신의 실수에 비해 과하게 혼나는 상황에 처하게 되어도 그 부당함에 대해 선뜻 이야기하지 못했던 기억들이 있을 겁니다. 부모—자녀라는 특수한 관계에 놓여 있어서 그럴 수도 있지만, 말대꾸했을 때 더 크게 화가 돌아올 것이라는 불안한 심리가 억울함을 이겼을 가능성도 큽니다. 이미 이 관계가 수평 관계가 아니라 수직 관계라는 것을 깨달았기 때문입니다.

인간관계는 수평과 수직으로 모두 채워지지는 않습니다. 하지만 회사에서는 엄연한 수직관계가 존재하고, 여전히 부모—자녀 관계도 수직적으로 구성되어 있는 경우가 많습니다. 그러나 친구나 연인, 배우자와의 관계는 수평한 것이 맞습니다. 이들의 관계는 갑을로 구성된 것이 아니라 우정, 사랑, 신뢰라는 추상적인 약속의 개념으로 구성된 것이기 때문입니다.

자신의 인간관계를 되돌아보세요. 상대방의 의견에 이끌려 다닌 것은 아닌지, 혹은 자신이 상대방을 마음대로 조절하려고 하는 것은 아닌지 생각해보세요. 어떤 것이든 건강하지 않은 관계일 수도 있습니다.

고통을 받지 않는다면 사랑이 아니라고 생각한 그녀에게 멕시코 화가 프리다 칼로의 이야기를 들려줬습니다.

단지 몇 번
찔렀을 뿐인데

멕시코의 화가 프리다 칼로는 6세에 소아마비로 장애를 얻고, 18세에 큰 교통사고를 당하여 30여 차례의 수술을 받았습니다. 오른쪽 다리가 11조각으로 으스러졌고, 골반이 3조각났습니다. 쇄골, 갈비뼈, 척추가 부러졌고, 파이프는 질을 관통했습니다. 살아남을 확률이 낮은 상황이었지만 그녀는 병실

▲ 〈단지 몇 번 찔렀을 뿐인데〉, 프리다 칼로Frida Kahlo, 1935

에서 그림을 그리며 생명의 끈을 놓지 않았습니다.

　가까스로 살아남은 그녀가 퇴원한 후 찾아간 사람은 당시 유명했던 화가 디에고 리베라였습니다. 이것은 칼로의 인생에서 두 번째 사고가 되었습니다. 디에고 리베라가 처음부터 나쁜 남자는 아니었습니다. 그는 미술을 전공하지 않은 칼로에게 미술계 인사들을 소개해주었고, 칼로의 몸에 있는 사고의 상처마저 아름답다고 말해주었습니다. 리베라는 불완전한 아름다움을 가진 사람에게서도 미美를 찾아낼 수 있는 남자였습니다. 그러나 리베라는 칼로 외에 수많은 여성들에게 호의를 베풀었고, 많은 여성들은 그런 그에게 매력을 느꼈습니다. 21살이나 많은 리베라의 세 번째 결혼 상대가 된 칼로는 그를 선택한 이유로 숱한 여성편력을 견뎌야만 했습니다. 리베라는 자신의 그림 모델들과 늘 성관계를 가졌고, "이것은 악수 이상의 의미가 없다"고 칼로에게 이야기했습니다. 지속적인 외도와 세 번의 유산, 리베라의 무관심으로 인해 칼로는 교통사고보다도 더한 마음의 상처를 입습니다. 그러나 칼로는 늘 이야기했습니다. 그는 평소에는 좋은 사람이었다고 말입니다. 그런 칼로도 남편 리베라가 자신의 여동생과 내연관계라는 사실을 마주했을 때에는 더 이상 결혼생활을 이끌어나가기 어렵다고 판단했고, 둘의 결혼생활은 이렇게 끝이 납니다.

1935년에 완성된 작품 〈단지 몇 번 찔렀을 뿐〉에서는 칼로 혼자서 아픔을 감당해야 했던 모습을 엿볼 수 있습니다. 당시 멕시코 법원에서는 여자친구를 칼로 찔러 죽인 한 남성의 재판이 있었습니다. 판사가 "왜 여자친구를 찔렀느냐?"라고 물으니 남성은 "판사님, 그냥 몇 번 찔렀을 뿐이에요. 스무 번도 안된다고요"라고 답한 사건입니다.

칼로는 사건의 모습이 자신과 닮았다고 생각했고 그래서 칼을 들고 찌르고 있는 남성을 리베라의 얼굴로, 칼에 찔려 죽어가고 있는 여성을 자신의 얼굴로 표현했습니다.

학습된 무기력으로부터의
탈출

매 맞는 아내들처럼 대인관계에서 고통받는 것에 익숙한 사람들은 어느 순간부터는 자신이 학대당하는 것 자체가 부당하다는 생각을 하지 않게 됩니다. 공격적이고 적극적으로 이에 맞서기보다는 실수를 했던 자신이나 상대방의 말을 들지 않은 자신을 탓합니다. 낮아진 자아의식 때문에 문제의 원인을 자기 스스로에게서 찾기 시작합니다. 처음이나 평소에 잘해주었던 단편적인 몇 가지 기억들로 남은 인생을 고통 속에서 보내는 선택을 하게 되는 것입니다.

수없이 바람을 피며 칼로를 기만했던 리베라는 젊은 시절을 즐겁게 보낸 후, 다시 칼로를 찾아와 결혼을 해달라는 부탁을 합니다. 만약 이 상황에 놓였다면 여러분은 어떤 선택을 할까요?

이러한 질문에 대부분의 사람들은 리베라를 받아주지 않을 것이라고 이야기합니다. 그러나 칼로는 그와 재혼했고, 대지의 여신이 되어 그를 안아주고 있는 그림 〈우주와 대지와 디에고와 세뇨르 솔로틀의 사랑의 포옹〉을 남깁니다.

많은 사람들이 "내가 칼로라면 리베라를 받아주지 않는다"라고 말할 수 있는 것은 자신이 칼로가 아닌 제3자이기 때문입니다. 객관화시켜서 사건을 바라보면 무엇이 맞는지, 합당하지 않은지가 분명히 보입니다. 그러나 자신이 그 상황에 들어가 있을 때는 판단력을 잃어버립니다. 특정 대상에 대한 무기력이 학습되었기 때문입니다.

만약 지금 곁에 있는 누군가로 인해 어려움을 겪고 있다면, 이 상황이 나와 그다지 친하지 않은 누군가의 이야기라고 가정해보세요. 그리고 이 상황을 들었을 때 나는 어떤 이야기를 할지 생각해보세요. "말도 안 돼. 그러고도 만난다고?", "남자가 미친 거 아냐? 여자는 왜 가만히 있는데?"와 같은 이야기가 나올 수도 있습니다. 자신의 상황을 객관화하는 것은 쉽지 않습니다. 그렇기 때문에 심리치료에서는 판단력을 잃은 내담자에게 제3의 인물이 되어 자신을 바라보는 '제3자화 되기' 기법을 종종 사용합니다. 이 기법의 장점은 '상황이 이래서, 누군가가 이래서'라는 어쩔 수 없는 핑곗거리를 제거할 수 있다는 점입니다.

나를 함부로 대할 수 있는 사람은 자신 이외에는 없습니다. 그리고 나의 가치가 다른 사람으로부터 좌지우지되어서도 안 됩니다. 누군가가 나를 공격한다면, 그 사람으로부터 나를 지켜내야 할 의무가 스스로에게 있습니다. 좋았던 짧은 시간에 대한 기억으로 나의 남은 소중한 인생을 버리며 살 필요는 없습니다.

▲ 〈우주와 대지와 디에고와 세뇨르 솔로틀의 사랑의 포옹〉, 프리다 칼로, 1936

**나는 주변 사람들과 건강한 관계 맺기를 하고 있는지
다음 질문을 통해 알아보세요.**

◆

최근에 누군가에게 상처를 주었던 기억이 있나요?

◆

나를 함부로 대하는 사람과의 관계를 끊지 못했던 기억이 있나요?

◆

어릴 적 부모님은 늘 같은 사랑을 주었나요,
아니면 기분에 따라 다르셨나요?

◆

소중한 사람에게 딱 '이거 하나'만 바뀌었으면
하는 부분이 있나요?

◆

상처받는 쪽, 그리고 상처 주는 쪽 어디에 더 익숙한가요?

절제

더 나은 감정을
느끼기 위해서
마시는 술 한 잔

술을 좋아하는 사람들은 어떠한 이유를 붙여서라도 술한 잔으로 그날을 마무리하려고 합니다. 좋은 일이 있어서, 슬픈 일이 있어서, 억울한 일이 있어서, 머리 아픈 일이 있어서, 몸이 힘들었어서 등 여러 이유를 대며 술을 마십니다. 이렇게 다양한 이유에도 속에 담긴 의도는 한 가지입니다. 많은 사람들의 술 마시는 이유는 '더 나은 감정을 느끼기 위해서'로 관철할 수 있습니다.

함께 혹은
혼자

술을 마시는 것은 일반적으로 다른 사람과 함께하는 행위 중 하나입니다. 둘이 만나기도 하고, 여럿이 모여 와자지껄 술자리를 가지는 경우도 있습니다. 보통은 나이가 들면서 많은 수가 모이는 시끄러운 자리는 조금씩 사라지고 점점 소수의 사람들이 만나 이야기를 하는 자리를 더 선호하게 됩니다. 술 한 모금이 꿀꺽 목을 타고 내려가면 묵직하게 막혀 있던 무언가가 함께 씻겨 내려갑니다. 한잔한잔 취기가 오르면 맨정신에는 하지 못했던 나의 이야기를 조금 더 할 수 있게 됩니다. 나도 취하고 상대도 취하면 분위기에 이끌려 과거의 이야기도, 힘들었던 이야기도, 숨기고 있던 마음의 이야기도 쉽게 털어놓게 됩니다. 상대방도 마찬가지로 속으로는 여러 고민들을 떠안고 있다는 것을 발견하고, 겉으로 보여지는 모습이 다가 아니란 걸 알게 되고, 서로에게 공감해가면서 심리적 거리감은 점차 좁혀집니다. 서로 밀접하게 연결되어 있다는 유대감을 느끼게 되는 겁니다. 유대감은 고립감을 효율적으로 끊어낼 수 있는 감각으로, 사실상 함께 식사를 하는 행위 자체만으로도 형성 가능한 감각입니다. 식사 자리를 가진 후 상대방과 친밀해진 경험을 해본 적이 있지 않은가요? 술은 그 감각의 형성에 속도를 붙여줍니다.

그러나 누군가와 함께가 아닌 혼자 술 마시기를 선택하는 경우도 있습니다. 혼밥처럼 사람들에게 노출되는 장소에서 혼술을 선택하기도 하지만, 대부분의 혼술은 집에서 이루어집니다. 과거에는 혼자 술 마시는 것이 청승맞다는 시선이 있었지만 요즘은 자신의 즐거움을 위해 드라마나 영상을 보면서 술 한 잔으로 하루를 마무리하는 게 소확행 문화 중 하나로 자리 잡았습니다.

혼술은 대인관계에 지치고 사회에서 스트레스를 받은 사람들이 편하게 취하는 감각을 느낄 수 있고, 비용을 아낄 수 있다는 장점이 있습니다. 그러나 고생한 나에게 주는 보상과 같은 한 잔은 작은 행복을 느끼게 해주지만, 과한 음주는 정신과 신체 모두에 좋지 않은 영향을 미칩니다. 가장 좋지 않은 경우는 '외롭다'와 같은 부정적 감정을 느낄 때 술을 찾는 것입니다. 자신의 외로움을 털어놓을 사람도 없이 혼자 외로움을 삼키며 술을 마시며 순간적인 기분의 변화를 찾는 것. 다시 외롭다는 감정이 느껴질 때 그 다음부터는 주저없이 술을 찾게 되는 것. 이것이 혼술의 가장 큰 위험성입니다.

힘들 걸 알지만
걸치는 한 잔

속상한 감정에 술을 마시다 보니 한 잔이 두 잔이 되고, 조금씩조금씩 취해버렸습니다. 그림 속 여성은 밤새 술을 마신 뒤 밀려오는 숙취에 멍해져 있습니다.

그림을 그린 작가 툴루즈 로트렉은 프랑스의 인상주의 화가로 부유한 귀족 집안 출신이었지만, 선천적으로 약하게 태어난 뼈와 14세에 겪은 낙상 사고로 인해 평생을 난쟁이로 살았습니다. 미술 공부에 대한 지원을 아끼지 않았던 부모님 덕분에 그는 그림을 전공하고, 그림을 그리고 지낼 장소로 몽마르트와 물랭루즈를 선택합니다.

물랭루즈는 파리 몽마르트의 번화가 클리시 거리에 있는 댄스홀입니다. 로트렉은 그 안에서 늘 술을 마시며 사람들과 어울렸습니다. 술을 마시는 동안에는 다른 사람들과 자신의 차이가 느껴지지 않았기 때문입니다. 자신의 처지를 비관하는 생각에서도 벗어날 수 있었습니다.

술은 수많은 예술가들에게 영감과 창조적 에너지를 제공했습니다. 에드가 드가, 에두아르 마네, 오귀스트 르누아르, 빈

▲ 〈숙취〉, 툴루즈 로트렉Henri de Toulouse-Lautrec, 1888

센트 반고흐, 파블로 피카소 등 술을 사랑했던 화가들은 많습니다. 선술집에 모여 미술과 문학에 대해 논했던 예술가들은 술을 통해 창조의 고통과 고립감을 해결하려 했습니다. 고조된 감정은 창작에 불을 붙였고, 넘실거리는 아이디어를 캔버스나 종이에 옮겨냈습니다.

　로트렉의 그림 〈숙취〉 속 여성은 왼손으로 턱을 괴고 어깨를 늘어뜨리고 있습니다. 지친 표정과 처진 입꼬리는 더 이상 앞에 놓여진 술이 즐거움을 주지 않는다는 걸 알려줍니다. 우울한 감정이 들어 술을 마시면 그 밤은 기분이 좋지만 다음 날 아침에 더 심하게 우울감이 밀려올 때가 있습니다. 즐거운 마음으로 시작한 술자리도 마찬가지입니다. 분명 멀쩡한 컨디션으로 술을 마셨는데, 재미있었던 시간만큼 다음날 근육통과 두통에 시달리며 불편한 속을 달래려 애쓴 기억이 누구나 한 번쯤은 있을 것입니다. 적당한 술은 기분을 고양시켜 주지만, 과한 술은 다음 날을 고통스럽게 만듭니다.

　그림 〈숙취〉는 그러한 술의 모순을 생생하게 담고 있습니다. 다음 날 힘들 것을 알면서도 당장의 즐거움을 위해 술을 마십니다. 힘들 걸 알면서도 술잔에 손을 옮깁니다. 술 한 잔을 통해 잠시 불편한 마음을 외면하고 싶기 때문입니다. 여럿이 술을 마시며 연대감을 느끼기도 하고, 혼자 술을 마시며 자기 연민에 빠질 수도 있습니다. 숙취는 다음 날의 나에게 맡긴 채 오늘도 술 한 잔을 들이킵니다.

나 자신을 아끼는 만큼
양과 속도를 조절하면

"술을 안 마시면 잠이 잘 안 와요."

마음연구소에 방문하는 많은 내담자들이 밤에 잠을 자기 위해 술을 마신다고 털어놓습니다. 술을 마시면 실제로 잠에 쉽게 들기도 합니다. 그러나 충분히 깊게 잔 것 같은데도 아침에 피곤함이 줄어들지 않는 경험을 하기도 합니다. 술은 당장 잠드는 데는 도움을 주지만 수면의 질은 떨어뜨리기 때문입니다.

술 마시는 것이 결코 나쁜 것만은 아니며 술이 주는 장점도 분명 많습니다. 그러나 술이라는 것도 결국 약물이라는 것을 잊어서는 안 됩니다. 체내 흡수된 알코올이 가바 수용체

GABA receptor(억제성 신경전달물질)와 결합을 하면 진정, 이완, 항불안 효과를 주어 마음이 편하다는 생각을 하게 합니다. 이 효과는 매우 일시적이나, 불안하거나 우울할 때마다 술을 찾게 되는 배경을 만듭니다.

이는 '외로움'이라는 부정적인 감정 앞에서도 마찬가지입니다. 정말로 소통하는 사람이 부재해서 외로움을 느끼는 것만은 아닙니다. 늘 주변에는 공부나 일로 엮여 반복적으로 봐야 하는 사람들이 있습니다. 그러나 그들과 깊이 있게 교류하고 있지 못한다고 느낄 때, 나를 진짜로 공감해주는 사람이 없다고 느낄 때, 우리는 외로움을 느낍니다. 그리고 그 외로움을 해결하지 못하고 사회적 고립감이 반복되었을 때 외로움에 사무치는 느낌을 받습니다.

쓸쓸한 내 마음을 들어줄 마음이 통하는 누군가와 술 한 잔을 하며 삶을 이야기해보는 것도 좋습니다. 혹은 이 세상에서 나를 가장 잘 알고 있는 사람, 바로 나 자신과 술잔을 기울여보는 것도 좋습니다. 약간의 취기는 미소를 짓게 해줄 것이고 바쁘게 지내느라 잊었던 나라는 존재에 대해서도 고민할 여유를 줄 것입니다. 이 모든 것은 술의 양을 스스로 조절 가능하다는 전제 하에 이루어집니다.

적당한 술 한 잔은 삶이 외로움에 젖어들 때 필요하기도 합니다. 몸과 마음을 파괴할 수 있을 정도의 부정적인 영향력을 행사할 수 있는 것이 알코올이지만, 어느 나라도 마약으로 금지하거나 제한하고 있지 않습니다. 마음이 외로워 습관적으로 술을 찾고, 별 다른 대체제가 없다고 합리화하며 술을 찾아도 괜찮습니다. 그럴 수 있습니다. 다만 나 자신을 아끼는 만큼 마시는 속도와 양을 조절하며 즐기면 됩니다.

바람이 선선한 날, 저녁 노을이 예쁘던 날, 차가운 겨울 냄새가 코끝에 아리게 다가오던 날, 날씨에 어울리는 술을 한 잔 하며 지금껏 고생한 나를 위해 조용히 잔을 부딪쳐보는 것은 그날의 기분을 유쾌하게 만들어줄 수 있습니다.

관심받지
못한다면
죽는 게 나아

관심받는 것은 지금을 살아가는 사람들에게 항상 중요한 이슈입니다. "혼자가 편하다", "누가 관심 주는 것이 싫다"라고 이야기하는 사람이 있지만, '혼자'의 자유로움에 대해 말한다는 것은 그 역시 그 사람이 사회적 구조 속에서 살아가는 사람이라는 것을 의미합니다. 이미 가족이나 대인관계 안에서 관심이 충분히 충족될 수도 있고, 그것이 과잉 충족되어 불편함으로 다가올 수도 있고, 타인으로부터 관심 욕구가 충족되지 않은 좌절감을 느낄 수도 있고, 누군가의 관심을 간섭이라 여겨서 관심을 필요로 하지 않을 수도 있습니다. 중요한 것은 '혼자 있고 싶을 때'조차도 관계를 맺고 살아간다는 것을 전제로 하고 있다는 것입니다.

나를 봐주세요

사람들이 SNS를 하는 이유는 다양합니다. 혼자만 볼 수 있는 계정을 만들어 일기처럼 활용하는 사람도 있지만, 주요한 목적은 다른 사람들과의 소통입니다. 대부분의 SNS글은 누군가가 보기를 바라는 마음에서 올리며 특정 사람들이 움직이기를 바라는 마음으로 올립니다. 만약 상업적인 글이라면 고객이, 개인적 글이라면 몇몇 누군가, 혹은 특정 누군가가 그 대상이 됩니다. 사람을 특정 짓지 않아도 때로 '이건 나 보라고 올린 것인가?'라는 생각이 드는 것은 글에 목적성이 있기 때문입니다.

유튜버들의 경우 사람들의 관심을 끌기 위해서 자극적인 내용이나 영상들을 업로드하는 경우도 많습니다. 돈을 벌기 위한 수단으로 유튜브를 시작하는 사람들도 있지만, 우선 첫 시작의 목적은 관심입니다. 불특정 다수로부터 관심을 받고자 하는 사람들 중 실제의 삶에서 원하는 만큼의 관심을 받지 못하는 경우가 많습니다. 사실은 우울하지만 행복한 모습으로 일상을 포장해서 누군지 모를 불특정 다수에게 '좋아요'를 받으며 비어 있는 마음을 채우기 위해 애를 씁니다. 크게 자신과 관계없는 사람들이지만 좋아요 개수가 적으면 존재감이 없어지는 것 같은 생각이 들기도 합니다.

지금까지 언급한 관심이 손에 잡히지 않는 관계를 모두 포함한다면, 나와 의미 있는 사람과의 관계에서의 관심은 몇십, 몇 백 배의 영향력이 있습니다. 마음연구소에 방문했던 한 내담자는 불안정한 관계에 있는 연인이 자신을 떠난다는 이야기를 할 때마다 SNS에 자살 예고와도 같은 글과 사진을 올렸습니다. 이는 상대방을 자극하기 위한 수단이었습니다. 그녀에게 있어서 중요한 사람의 관심 소멸은 죽음과도 같은 고통이었습니다.

"그 사람이 이별을 통보하는 순간 숨이 막혀왔고, 연결점이 끊어지는 순간 의식하고 숨을 쉬는 모든 순간이 버겁게 느껴졌어요. 모든 것을 잊어버리면 홀가분해질 수 있으니까 모든 것을 끊어내고 싶다는 생각이 들었어요. 고독함 속에 살아 있는 것이 죽음보다 더 괴로울 수 있다는 생각이 들었어요. 진짜 내가 죽게 되면 사람들이 날 위해 슬퍼해주기는 할까, 그리고 얼마 지나지 않아 나는 잊혀지겠지. 살아 있는데도 관심을 받지 못하는데 죽고 나면 진짜 빨리 잊혀지겠다는 생각이 들었어요. 내가 이만큼 고통스럽게 무너져내리고 있다는 것을 그 사람에게 보여주고 싶었어요."

그녀는 힘들 때마다 밤바다를 찾아갔습니다. 파도 앞에 서서 몇 걸음만 들어가면 쉽게 빠질 텐데, 사람들이 나를 찾을까, 내가 며칠 동안 연락이 안 되어도 나를 찾을 사람이 있을까, 일주일이고 한 달이고 지나도 나를 찾는 사람은 결국 없지 않을까, 안 찾겠지, 그럼 나는 언제 발견될까 하는 생각을 했습니다. 죽는 것보다 죽고 나서 금방 잊혀질 것을 생각하니 허무하고 괴로웠습니다. 그녀는 바다 사진을 찍고 자신이 느낀 감정을 SNS에 실시간으로 올렸습니다. 그녀의 지인들은 DM과 통화로 무수히 많은 걱정을 해주었고 다행히 그녀는 관심의 부재로 인한 좌절감을 무사히 넘겼습니다. 그러나 그리스 신화에 등장하는 인물 세이렌은 관심의 부재로 오는 좌절감을 이기지 못하고 죽음에까지 이르렀습니다.

관심이 박탈되는
경험을 한 세이렌

　　세계적인 커피 브랜드 스타벅스의 로고에는 녹색으로 그려진 한 명의 여성이 있습니다. 얼핏 보면 인어와 같이 보이는 여성은 그리스 신화에 등장하는 세이렌입니다. 세이렌은 아름다우면서도 치명적인 마력을 가진 님프입니다. 절벽과 암초들로 둘러싸인 섬에서 세이렌들은 지나가는 선원을 유혹하는 노래를 불렀는데, 선원들이 뱃머리를 세이렌의 섬쪽으로 돌리면 대부분의 배들은 난파되었습니다. 그렇지 않은 배에 탄 선원은 세이렌의 목소리에 홀려 스스로 물에 뛰어들어 숨을 거두었습니다. 세이렌은 늘 목소리를 냈고, 선원들은 세이렌이 예상했던 반응을 보였습니다.

　　그러나 '오디세우스'라는 남자는 달랐습니다. 그는 마녀 키르케로부터 세이렌이 사는 섬을 지나기 전에 선원들의 귀를 밀랍으로 단단히 막으라는 조언을 들었습니다. 그리고 그에게는 돛대에 손과 발을 밧줄로 묶으라는 얘기를 했습니다. 세이렌의 섬을 지나갔지만 선원들은 매혹적인 노래를 듣지 못해 계속 노를 저었고, 오디세우스는 그녀의 목소리를 들었

▲ 〈어부와 세이렌〉, 프레드릭 레이튼Frederic Leighton, 1858

지만 죽음을 선택하지 않은 유일한 남자가 되었습니다. 자신의 목소리에 귀를 기울여주지 않는 선원들, 그리고 분명 목소리를 들었지만 죽음을 선택하지 않은 오디세우스. 당연히 받아야 된다고 생각했던 관심이 박탈되는 경험을 한 세이렌은 자괴감을 느끼며 스스로 목숨을 끊고 맙니다.

혼자라는 캡슐 안에서
벗어나기

관심을 바란다는 것은 지금 혼자가 아니라는 것을 계속 확인받고 싶은 행동일 수 있습니다. 이런 확인을 오랫동안 하지 않고 고독 속에 있던 사람들은 남들보다 외로움에 익숙할 수 있습니다. 그러나 스스로 혼자라는 생각을 자주 하며 무관심에 익숙해져 있던 사람에게 의미 있는 관심이 주어졌다가 사라진다면 그 사람은 예전과 다를 겁니다. 늘 없던 것과 있다가 없어지는 것은 다르니까요. 연인과의 이별로 인해 자살을 선택하는 사람은 제3자의 시선으로는 어리석게 보일 수 있지만, 당사자에게는 이미 관계에서의 죽음을 선포받은 것이나 다름없는 상황입니다.

물론 유쾌하지 않은 관심도 있습니다. 특히 한국은 문화적으로 불필요한 관심이 많습니다. '살이 찐 것 같다, 피부가 안 좋아 보인다, 결혼해야 하지 않겠냐, 아이는 언제 낳느냐, 둘째는 안 낳느냐' 이 모든 질문이 관심이긴 하지만 불쾌감을 유발할 수 있습니다. 공적인 관계에서 과도한 관심으로 선을 넘는 경우 거부감과 부담감이 들기도 합니다. 관심받고 싶지 않은 사람으로부터의 간섭도 관심의 일종입니다. 우리는 마음을 불편하게 만드는 모든 주변 사람들의 관심을 원하는 것은 아닙니다.

'나는 혼자다'는 강력한 생각은 실재하는 주변의 관심들을 부재하다고 느껴지게 합니다. '사람들이 내게 관심 없다'는 생각을 전제로 대인관계를 이어나가는 것입니다. 그러나 실제로는 아무도 그들을 신경 쓰지 않은 것도 아닙니다. 걱정하고 챙겨주려 해도 내가 원하는 사람의 관심이 아니라는 생각, 혹은 저 관심은 진짜가 아닐 것이라는 생각을 해버리기도 합니다. '혼자'라는 캡슐 안에 들어가서 주변의 관심이나 도움을 외면하면서 '아, 저것은 나에게 관심이 있는 게 아니야'라고 생각하고, 누군가 손을 내밀면 '저 손을 잡으면, 내 손을 뿌리치지 않을까. 그래서 상처를 받을 바에는 그냥 잡지 말까?'라는 생각을 하며 의미 있는 소수의 사람들만을 마음에 들이는 경우가 많습니다. 상처받을까 두려워 타인의 생각을 의심하는 것입니다. 그러면서 '역시 아무도 나에게 관심을 가지지 않는다'는 생각의 굴레 속에 또 다시 갇혀버립니다.

혼자만의 캡슐에서 벗어나는 것은 의외로 간단할 수 있습니다. 불쾌한 관심이 아닌 나를 걱정하는 누군가의 마음을 느꼈다면 그 관심에도 조금은 가치를 두어보세요. 가벼운 관심을 주는 사람에게 속마음을 모두 꺼내고 어린 시절부터의 상처를 되돌아보는 깊이 있는 대화까지 할 필요는 없겠지만, 매몰차게 벽을 칠 필요도 없습니다. 가족이나 친구, 연인이 아닌 지인들의 가벼운 관심도 사실은 참 고마운 일입니다.

'사람은 언제 죽는가?'라는 질문에 대한 대답은 명확합니다. 의학에서는 호흡과 심장의 고동이 영구적으로 정지하는 것을 사망이라고 말합니다. 그러나 사람들에게서 잊혀지는 것 자체가 '죽음'이라고 이야기하는 사람들도 있습니다. 과한 표현이긴 하지만 누군가가 나를 잊으면 그 사람에게 나는 죽은 사람이나 다름없다는 얘기입니다.

혼자라는 생각에 너무 몰두해 있을 때, 가벼운 관심을 보내주는 사람들의 인사에 화답해보는 것은 어떨까요? 이 작은 움직임이 나를 다시 살아나게 하는 행동이 될 수 있습니다. 혼자라는 캡슐 안은 좁고 외롭습니다.

나는 주변 사람들의 관심을 어떻게 느끼는지
다음 질문을 통해 알아보세요.

◆

나는 누구의 관심을 통해 채워짐을 느끼는가요?

◆

SNS를 자주 하나요? 만약 한다면 글을 올림으로써
나는 무엇을 얻는가요?

◆

나에게 주는 따뜻한 관심을 선을 그으며 받지 않은 적이 있나요?

◆

내가 '외롭다'고 느끼는 순간은 언제인가요?

◆

나에게 있어 좋은 관심과 나쁜 관심은 어떻게 구별되나요?

study
3

상상력과
작품의 탄생

    상상력이란 실제로 경험하지 않은 현상이나 사물에 대하여 마음속으로 그려보는 힘을 의미합니다. 인간뿐만 아니라 많은 동물들이 상상을 합니다. 반려동물도 야생동물도 모두 꿈을 꾸고 상상을 합니다. 그러나 상상력을 예술로 표현하는 것은 오직 인간만이 가능합니다.

    138억 년 전에 우주가 생겨났습니다. 수소가스부터 시작한 원자들은 덩어리를 형성하고 헬륨이 탄생하였으며 잉여에너지는 빛을 내는 별이 되었습니다. 수명을 다한 별이 폭발하며 우주에 흩뿌려진 무거운 원자들은 중력으로 서로를 다시 끌어당겼고 더 이상 폭발하지 않는 별은 행성이 되었습니다. 그중 탄소와 철이 많던 우리 별 지구에서는 산소가 생겨났습니다. 생명이 시작될 수 있는 환경이 만들어진 것입니다.

다윈의 진화론은 지구상 존재하는 모든 동물은 하나의 공통 조상으로부터 분화되어 진화되어 왔다는 것을 세상에 알렸습니다. 과학의 발전은 인류의 기원을 거슬러 올라갈 수 있는 선명한 눈을 제공해주었지만 대체 인간과 동물은 무엇이 다른가에 대한 새로운 고민거리를 만들었습니다. 모든 동물은 하나의 가계도에서 시작하여 가지를 뻗어나가며 방향성 없는 진화를 거듭했고, 침팬지와 인간의 염기서열은 98퍼센트 이상 일치합니다.

인간은 왜
가치 있는 존재인가

인간과 인간이 아닌 동물은 무엇이 다를까요? 왜 인간이 가치 있는 존재일까요? '인간은 동물보다 더 우수한 존재이기에 더 가치 있다'라는 명제를 납득한다면 질문에 대한 답이 간단히 끝나지만 더 깊은 질문이 이어진다면 이렇습니다. '인간이 왜 더 우수할까요?'

인간을 더 우수한 존재로 평가하는 이유 중 하나로 지능을 언급할 수 있습니다. 인간의 지능은 뇌의 진화와 더불어 발달했으므로 초기에는 뇌의 크기가 지능을 결정한다는 의견도 있었습니다. 하지만 향유고래를 보면 이 이론이 맞지 않다는 걸 알 수 있습니다. 인간은 1.2킬로그램의 뇌를 가진 반면 향유고래는 8킬로그램의 뇌를 가지고 있습니다. 그럼에도 지능은 인간이 더 높습니다. 신경과학자 하우젤 박사는 같은 용적의 뇌에 담을 수 있는 신경세포의 수가 영장류가 훨씬 많고 밀도가 높다고 설명합니다. 인간은 1350밀리리터 뇌 용량에 860억 개의 신경 세포를 담고 있습니다.

인간이 자연에서 살아남고 지금의 문명을 이루게 될 수 있었던 건 상상력 덕분입니다. 인간은 상상력을 하나의 이념으로 만들었고, 이를 중심으로 협력해나갔습니다. 다른 영장류 무리와 달리 인간은 상상을 통해 소통할 수 있는 공통체의 개념을 만들어냈습니다. 다수의 일꾼들이 협력하는 개미와 인간의 큰 차이는 인간은 이념을 만들 수 있고 혁명을 일으킬 수 있는 존재라는 것입니다. 혁명 속에 존재하는 것이 바로 이념이고, 이념은 인간의 상상력이 만들어낸 새로운 체계입니다. 인간은 상상의 힘으로 만들어낸 이념을 통해 수많은 사람들이 하나의 집단에 머무를 수 있도록 했습니다. 집단의 상상력이 만들어낸 환상은 국가나 경제 같은 무형의 체계들이 실재처럼 여겨지게 합니다.

이제 인간은 눈에 보이는 것뿐만 아니라, 눈에 보이지 않는 것과 실존하지 않는 것도 모두 기록하고 표현할 수 있게 되었습니다. 상상력은 글자를, 리듬과 멜로디를, 평면과 입체 재료들을 매개로 하여 문학, 음악, 미술이라는 예술을 탄생시켰습니다.

초기 예술은 제례의식이라는 공동체에서부터 시작되었습니다. 이제 예술은 한 개인의 생각과 감정, 철학과 사유에서 탄생합니다. 이렇게 탄생한 예술은 우리 생활 전반 곳곳에 놓여 있습니다. 단순히 미술작품뿐만 아니라 미술을 기반으로 한 창작품들은 우리 세계 곳곳에서 즐거움을 줍니다.

상상력은
내가 아는 세계에 기반한다

SF 영화는 인간이 만들어낼 수 있는 '상상력의 집약체'라는 말로 표현되곤 합니다. 이 표현은 상상력을 마치 무한한 것처럼 느껴지게 만듭니다. 그러나 인간이 만들어낼 수 있는 모든 상상력은 현실에 기반하고 있습니다. 한 번도 본 적 없는 외계인이 다소 징그럽거나 괴이한 모습으로 표현되는 것은 지구에서 인지될 수 있는 어떤 형상에서 파생됐기 때문입니다. 슬라임은 세포와 유사한 모습이고 괴물은 실존했던 동물과 닮은 모습이거나 우리가 아는 범주에서 크게 벗어나지 않습니다. 완전히 다른 무언가를 상상한다는 것 자체가 인간에게는 힘든 일입니다.

미술작품에서 그리스 신화 속 신들은 인간의 모습으로 표현되어 있습니다. 인간은 접한 정보에서 상상력을 창출합니다. 상상력은 인간 종이 지각할 수 있는 범위 내의 정보에서 출발하며, 지각하는 범위가 인류의 발전과 더불어 확장되었습니다. 인간이 만들어낼 수 있는 조합식이 늘어난 것입니다. 과거의 미술가들은 지각하는 범주가 협소하여 직관적인 미술

▲ 〈프시케와 에로스〉, 프랑수아 제라드François Pascal Simon Gerard, 1798

형태가 많았습니다. 대상을 똑같이 그리거나 가장 잘 보이는 형태로 묘사했습니다. 이후 인간의 배경 지식이 늘어나고 세상의 원리를 알게 되면서 추상적인 사고가 가능해졌습니다. 이해할 수 있는 범주가 넓어지니 상상을 할 수 있는 범주가 넓어지고 표현하는 세계가 확장된 것입니다.

어린이들에게 상상력이 풍부하다고 말합니다. 그러나 사실상 어린이의 상상력은 성인보다 빈약합니다. 어린이들에게 종종 상상화를 그려보라고 하면 어린이가 그린 상상화의 주제는 어린이가 접한 정보에서 끝나는 경우가 많습니다. 당시 아이가 접한 콘텐츠, 들은 이야기, 경험 등에서 추출된 정보를 바탕으로 상상화가 만들어지는 것입니다. 어린이들의 상상력이 무한하다고 이야기하는 것은 같은 대상을 표현하는 데에 있어서 이해가 깊지 못해서 나오는 엉뚱한 표현 때문입니다. 성인이 상상화를 그리는 트레이닝을 한다면 지각하는 범주가 더 크기에 상상할 수 있는 영역은 더 클 겁니다.

작가의 상상력과
관객의 상상력의 만남

애초에 상상력은 인간이 이해하는 범주를 바탕으로 변형 가공해서 이루어진 것입니다. 그렇기에 미술작품은 이미 현실이 아닙니다. 작가가 머릿속으로 인지하거나 내재되어 있는 것에서부터 출발하여 가공된 결과물이며, 그 결과물을 다른 사람이 인지할 때에는 또 다시 새로운 정보가 됩니다. 각자 자신이 경험한 만큼 세상을 받아들이고 인지하는 범주 내에서의 심상이 있기 때문에 새로운 정보가 필연적으로 발생할 수밖에 없습니다.

학생 30명이 정물화를 그리기 위해 같은 자리에 모였다고 가정해보세요. 30명이 미술 시간에 같이 학습을 했다 하더라도 그림 표현은 모두 다릅니다. 학생들이 가지고 있는 고유의 데이터, 해석, 심상이 다르기 때문입니다. 사물과 같은 절대적인 대상도 사람마다 임의로 해석하고 각자의 상상력을 더해 표현됩니다. 여기에서 그림이 글보다 더 자유롭다는 것을 발견할 수 있습니다. 그림은 상상력이 표현된 집합체이므로 생각에 대한 가이드를 주지 않습니다. 쉽게 말해 그림을 보는 사람

▲ 〈오송빌 백작부인의 초상〉, 장 오귀스트 도미니크 앵그르Jean Auguste Dominique Ingres, 1845

에 따라 다르게 해석할 수 있다는 겁니다.

푸른빛이 도는 드레스를 입고 정면을 응시하고 있는 인물을 보면서 '쓸쓸한 느낌이 난다', '사람을 내려다보는 눈빛이다', '장난기 있는 생각을 하고 있을 것 같다' 등 다양한 느낌과 생각이 떠오릅니다. 미술작품은 복합적 감정이 섞여 있는 혼합체이고 해석하는 사람이 자신의 취향에 맞는 부분을 때어내어 해석할 수도 있습니다. 얼마든지 관객은 작가의 의도와 달리 그림을 해석할 수 있습니다. 이것이 사르트르가 말한 문학과 그림의 차이입니다.

문학은 텍스트이고 지시사항이 있습니다. '주인공이 아버지의 말에 분노를 느꼈다'라는 감정과 서사의 문장은 독자를 구속합니다. 글은 '이렇게 읽으세요'라는 가이드가 있기 때문입니다. 미술작품은 정보를 주어도 수많은 데이터가 압축된 상상력 덩어리이기에 감상자도 해석을 덧붙이기 쉽습니다. 반면에 대상을 관념화시키는 데에 있어서는 글이 미술보다 유리한 점이 있습니다. 어쨌든 미술은 시각적인 형체를 필요로 하기 때문입니다.

항해의 나침반이 되는
작품 정보

어떤 그림인지 스스로 기술하고 분석하는 과정에서 상상력과의 접합은 즐거운 유희가 되기도 합니다. 정보는 인지 범주를 넓히고 다시 상상력과 더해집니다. 작가가 그림을 완성시키기까지는 무수히 즉흥적이고 순간적인 결정들이 존재합니다. 그러므로 그림의 의도는 정확히 하나로 귀결되기 어렵습니다.

그럼에도 작가의 의도와 정보를 알려고 하는 것은 해석을 통해 그림을 더 재미있게 판단할 수 있기 때문입니다. 상상력이 발휘된 그림은 하나의 작은 소우주와 같은 세계입니다. 그러나 방향성 없는 우주는 누군가에게 무의미하게 여겨질 수도 있습니다. 한 작품을 깊이 있게 감상할 여유가 없는 요즘 정보는 방향성을 알려주는 나침반 역할을 합니다. 그런데 그림의 정보를 받아들이는 것이 재미없게 느껴지는 이유는 나침반이 항해를 해나가는 과정에서 도움이 되는 보조 역할이 아닌 도착지만을 알려주는 경우가 많기 때문입니다.

몬드리안은 각지게 네모를 그려 차가운 추상이고 칸딘스

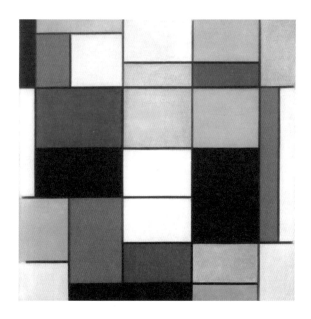

▲ 〈구성A〉, 피에트 몬드리안Piet Mondrian, 1920
▼ 〈I adore〉, 바실리 칸딘스키Wassily Kandinsky, 1944

키는 둥근 것을 더 많이 그려 따뜻한 추상이라는 학습은 그림 속 이미지에 더 이상 흥미를 가지지 않게 만듭니다. 이렇게 결과만 이야기해주는 정보는 마치 작가가 아무거나 그려놓았는데 대단한 평가를 받은 것처럼 느끼게 할 수 있습니다. 항해하는 과정에서 이 길이 맞는지 확인하기 위한 용도로 나침반이 제공된다면 감상자는 그 정보로 자신의 비어 있는 곳을 채우며 더욱 즐겁게 항해를 해나갈 수 있습니다.

불안감

현실에
만족하지 못해
욜로인 척

대한민국의 전체 소득 수준이 꾸준히 높아졌다는 보도가 들려오지만, 그것이 서민들의 삶의 수준이 높아진 것은 아니라는 목소리가 큽니다. 많이 가진 사람들의 소득이 많이 불어났다는 이야기입니다. 과거에는 소위 말해 개천에서 용이 날 수 있는 시대였지만, 이제는 그런 시대가 아닙니다. 가진 자와 못 가진 자의 격차는 과거보다 더 심해진 듯합니다.

세대 간의 격차는 항상 있어왔습니다. 부모님 세대에는 열심히 공부하면 좋은 대학에 가고, 졸업해서 노력하면 좋은 직장에 들어가고, 차곡차곡 돈을 모아 집을 사는 것이 가능했지만 이제는 불가능에 가깝습니다. 갈수록 안정적인 고용 환경은 적어지고 월급을 모아 집을 산다는 것은 사실상 어렵습니다. 20년 넘게 직장생활을 하며 매년 돈을 열심히 모아도, 아파트 집값은 계속 오릅니다. 열심히 살아도 무엇을 얻기 위해 열심히 사는가 하는 허탈한 감정이 앞섭니다.

그렇기에 사람들은 점차 노력을 하여 무엇을 얻기보다도 현재를 즐기는 데 치중합니다. 불확실한 것들이 너무나도 많은 이 세상에서 어차피 불확실하니 포기하면 쉽다는 생각을 하는 사람들이 느는 것입니다. 여러 가지를 포기하고 있지만 그중 미래를 위해 현재를 희생하는 것을 포기하는 사람들도 있습니다. 한번 사는 인생이니 지금에 더 집중하며 살아가는 욜로YOLO가 대표적인 태도입니다.

워라밸이
중요하다고 했으니까

처음부터 욜로인 사람들은 없습니다. 대부분의 사람들

이 어릴 적에는 주어진 것을 성실하게 수행하고 차곡차곡 미래를 준비하는 것이 옳다고 생각합니다. 그러나 물가는 계속 오르고 매년 살기가 더 어려워집니다. 잘 나가는 유튜버들은 노동 시간에 비해 고소득을 얻으며 그 수익을 자랑스럽게 공개합니다. 매체는 상위 1퍼센트 연예인이나 부자들의 삶을 노출해 마치 그런 사람들이 주변에 많은 것 같은 생각이 들도록 만듭니다.

하루하루 같은 시간에 출근을 하고 퇴근을 하면 매달 같은 날에 월급이 들어옵니다. 그리고 매달 어쩔 수 없이 지출되는 돈들이 빠져나갑니다. 임대료, 핸드폰비, 교통비, 관리비, 식비, 인터넷, 지난달 카드요금 등 정기적인 지출이 나가고 나면 손에 남는 돈이 얼마 없습니다. 소득이 낮은 경우에는 적은 돈을 쪼개 적금을 넣고 나면 여유 자금이 별로 남지 않습니다. 결혼할 생각을 해보지만 집값은 엄두도 안 나고, 아이까지 있으면 대책이 없을 것만 같습니다. 아이를 낳아도 외벌이로는 생활도 안 될 것 같은 상황. 더 많이 아끼면 미래를 조금이라도 더 준비할 수 있겠지만, 그렇게 함으로써 현실이 더 윤택해지지는 않을 것 같습니다.

때마침 사람들이 '워라밸'이라는 단어를 내세우며 현대인에게 중요한 요소라고 설명합니다. 워라밸은 중요합니다. 삶과 일은 분명한 균형을 이루어야 합니다. 과거에는 조직을 위해 개인이 희생하는 것을 암묵적으로 동의했고, 동료의 일을 나누어 받는 것도 종종 있었습니다. 그러나 요즘에는 개인에 대한 가치에 더 중점되면서 회사에서는 딱 내가 할 일만 하고, 워라밸을 지키려 합니다. 열심히 일해도 그만큼의 보람으로 돌아오지 않는다는 생각에 지금 번 돈은 지금의 삶을 즐기기 위해 쓰는 것이 낫다고 결론짓습니다. 옷도 사고, 여행도 가고, 비싸고 맛있는 것도 먹습니다. 회사에서는 딱 내가 할 일만 하고 이외의 시간은 나 자신에게 할애하며 '나는 직장에 매이지 않고 산다'는 자유로운 감각에 빠져듭니다.

불안감을
포장하다

'오늘은 행복했다'라고 말할 수 있는 게 욜로의 삶이지만, 미래가 막연해지면 막연해질수록 불안감은 커집니다. 그리고 그런 불안감을 덮기 위해 현실의 즐거움에 더 집중하려 합니다. 소비에 개방적인 이들은 심리 상담 현장에 방문하는 것도 자신을 위한 투자라 생각하여 더 쉽게 방문하고 자신의 이야기를 털어놓는 경향도 있습니다. 이들과 닮은 그림이 있습니다. 그림 속의 주인공은 와인과 쾌락의 신 디오니소스입니다.

이탈리아의 화가 카라바조가 그린 그림 속 디오니소스는 포도나무로 만든 화관을 쓰고 있고, 왼손에는 넓은 와인잔을 들고 있습니다. 로마 신화에서는 바쿠스라는 이름으로 알려져 있는 그는 다양한 수식어를 가집니다. 축제의 신, 죽음에서 부활한 신, 도취와 난교의 신, 인간들을 광기에 빠지게 하는 신이라고도 불립니다. 제우스와 인간 사이에서 태어난 그는 헤라에 의해 죽음을 맞이했지만 제우스의 허벅지 안에서 산달을 채웠고, 헤라가 다시 티탄족의 냄비에 넣고 죽였으나 티탄족의 여신 레아가 그의 심장과 살, 뼈를 다시 조합하여 살려주었고 그는 불사의 신이 되었습니다. 헤라는 마지막 벌로 디오니소스를 미치게 만들었는데, 그는 자신의 추종자들을 이끌고 술과 음악 그리고 황홀한 춤이 있는 광기로 세상을 굴복시켰습니다. 그는 가는 곳마다 사람을 죽이고 여자들은 미치게 만들며 신들을 경악하게 만들었습니다. 결국 그는 헤라와 평화 협정을 맺게 됩니다. 그리스 신화에서 디오니소스는 '규율이나 체면과 같은 엄격한 정신에 대한 감정의 승리'의 상징

▲ 〈디오니소스〉, 미켈란젤로 카라바조Michelangelo da Carravagio, 1594

으로 이야기하고 있습니다.

디오니소스는 올림푸스 12신 가운데 가장 마지막에 올랐으며, 유일하게 인간 여인에게서 태어난 신입니다. 술과 도취, 광기를 몰고 다니는 그는 현세의 인간을 매혹하는 강력한 영향력이 있었습니다. 이성과 규율을 지나치게 강조한 그리스 사화에서 디오니소스의 감정적인 행동들은 숭배의 대상이 되었습니다.

욜로족들은 디오니소스의 이야기와 그림을 보면 상당히 공감하는 모습을 보입니다.

인생을 즐기며 살아가는
현명한 욜로

욜로라는 '삶의 태도'를 상대적 박탈감을 없애기 위한 '자기최면'으로 보는 시각도 있습니다. 다른 사람들처럼 미래를 준비하지 못해 불안감이 들 때 '나는 욜로로 살 것이다'고 하면서 포장하는 것입니다. 요즘 젊은이들처럼 사는 것이라고 합리화하며 욜로로 사는 것은 힙하고 멋있는 생활 패턴이라고 여기며 스스로의 자존감을 높이기도 합니다. 확실히 적은 돈이라도 적금을 붓고 아끼며 사는 사람들에게는 욜로로 사는 사람들이 자유롭고 여유로워 보입니다.

욜로로 사는 것이 결코 나쁜 것은 아닙니다. 한번 사는 인생 즐겁게 살자는 문장에서는 어떤 위화감도 찾아볼 수 없습니다. 그런데 문제가 되는 것은 자신의 경제 수준에 비해 지나치게 소비하거나 현금서비스를 받고, 정작 필요할 때에 쓸 돈을 저축하지 못해 나중에 곤경에 처한다는 것입니다.

몇 년을 욜로로 살았다고 이야기한 내담자는 어느 순간 정신을 차리고 나니 자신 앞에 남는 것이 없었다고 설명했습니다. 쉽게 돈을 쓰며 살던 사이 쌓여 있는 것은 빚이었고, 미래는 아무것도 준비되지 않으며 비슷하게 시작한 친구들은 몇 년 전보다 더 안정적인 삶을 살아가고 있었습니다. 오히려 더 앞서가는 삶을 살았다고 생각했던 시간들이었지만 남들보다 뒤처져 있는 느낌이 들었습니다.

어차피 크게 차이가 없는 데 좀 더 쓰고 불편하지 말자는 생각으로 행해진 소비, 어차피 노력해봤자 손에 잡히는 미래가 없다고 생각한 포기. 사회가 욜로족에게 가장 걱정하는 것은 그들의 통장에 잔고가 없는 것이 아니라, 자신의 미래에 대한 희망을 저버리는 것입니다. 욜로는 현실이 너무 답답하니 회피하기 위한 수단이 될 수도 있지만 우리가 살아가고 있는 시대는 100세 시대의 고령화 사회입니다.

'한번 사는 인생이니 현재를 즐겁게 살자'라는 욜로라는 단어를 어떻게 이해하고 살아가느냐에 따라 인생을 즐기며 살아가는 현명한 욜로가 될 수도 있고, 인생을 낭비하는 대책 없는 욜로가 될 수도 있습니다. 어떤 지표로 목표를 나눌 수 있는 것은 아닙니다. 이에 대한 정의를 자신이 얼마나 바르게 하고 삶을 살아가는가가 중요합니다.

관계

그리움에
사무치다

그리움의 사전적 정의는 '보고 싶어 애타는 마음'입니다. 그리움과 사랑은 딱 한끝 차이입니다. 관계 안에 존재하고 있다면 사랑이고, 관계를 떠나 돌아보면 그리움입니다. 떠나갔기에, 떠나왔기에 해소되지 않은 감정이 생깁니다. 그리움의 대상은 사람이 되기도 하지만 때로는 사물이 되기도 합니다. 추억이나 물건도 그리움의 대상이 되기도 합니다. 대상들의 공통점은 지금은 다시 만나기 어렵고, 예전의 상태로 돌아가기가 쉽지 않다는 겁니다.

사람에 대한 그리움은 관계를 맺었던 시간에 비례하지

않습니다. 함께하는 시간이 길었다고 하여 그리움의 크기가 커지는 것도 아니고, 그것이 짧았다고 하여 그리움이 크기가 작아지는 것도 아닙니다. 함께했던 시간의 애틋함이 머문 채로 상대방이 사라졌을 때, 사라진 흔적들을 주변에서 발견하게 될 때, 채워졌던 시간들이 비어 있음을 느낄 때 그리움에 사무칩니다.

당신을 만나기
전과 후

사람이 그리움의 대상이 되기도 하지만 사랑을 온전히 주고받았던 시간과 경험들, 그리고 그때의 자신의 모습이 그리움의 대상이 되기도 합니다. 그것이 첫사랑이라면, 혹은 강렬하게 인생을 뒤흔들었던 사랑이라면 그리움의 크기는 걷잡을 수 없이 커지기도 합니다.

강렬한 사랑에 빠지게 되면 그 사람을 만나기 전과 후로 인생이 나뉘어지기도 합니다. 그 사랑이 첫사랑이라면 상대방을 만나기 전까지 자신의 인생에 사랑이라는 단어는 없었기 때문입니다. 사랑의 경험이 없던 사람은 그동안 사랑을 주고받는 경험을 모르고 혼자라는 생각으로 쓸쓸하게 지내왔습니다. 그리고 어느 날 운명처럼 누군가를 만났습니다. 전기가 흐르는 듯 강력한 끌림을 느끼고, 한 사람이 갑자기 자신의 인생에 들어와 서서히 점점 더 깊게 스며들었습니다.

처음으로 사랑받는 기분을 느낍니다. '사랑받는 게 이런 느낌이구나.' 온 세상이 가득 찬 기분을 경험합니다. '사랑을 주는 기분이 이런 거구나.' 받는 것보다도 줄 수 있는 마음이 더 행복할 수 있다는 것을 깨닫습니다. 사랑을 주는 것이 그 사람이라서 기쁜 마음이 듭니다.

가족 안에서, 혹은 관계 안에서 사랑을 주고받는 게 많지 않던 사람이 사랑하게 되었을 때 그 마음은 더욱 특별해집니다. 분명 내가 사랑하는 사람이지만, 사랑해주고 사랑받는 가족들과 사람들이 많은 그 사람이 부러운 마음도 듭니다. 그리고 그런 사랑 속에서 지내는 사람이 나를 사랑해주는 것이 신기하다는 생각도 듭니다.

그런 사람이 떠나가고 나면 빈자리가 큽니다. 그리움이란 감정이 숨이 막힐 듯 차오릅니다. 미워하려 노력하고 애써 그 사람의 나쁜 점을 찾아내려 해도 모든 것을 녹여버리는 감정이 바로 그리움입니다.

처음 사랑했고,
끝나버렸다

　　노르웨이의 대표적인 표현주의 화가 에드바르트 뭉크는 〈절규〉로 많은 사람들에게 익숙한 화가입니다. 뭉크는 어린 시절부터 가족과의 이별을 연속적으로 경험하면서 삶의 전반에 그리움이 깊숙하게 배어 있었습니다. 뭉크의 그림 속에 나타난 그리움과 쓸쓸함 그리고 외로움의 향기는 직관적이어서 그림을 보는 우리들은 그의 내면에 출렁이는 감정을 직접적으로 공감할 수 있습니다. 어머니의 사망 이후 뭉크는 누나인 소피에에게 의지를 하며 살아갔지만, 그가 13살이 되던 해에 누나 역시 어머니와 같은 질병으로 세상을 떠나게 됩니다. 아버지는 아내와 딸을 잃은 고통 속에서 종교에 집착하며 삶을 내려놓은 채 살아갔고, 뭉크가 26세가 되던 해에 세상을 떠납니다. 뭉크에게는 두 명의 여동생과 남동생이 있었는데, 여동생

▲〈별 아래에서〉, 에드바르트 뭉크, 1905

두 명은 여러 정신 질환으로 고통받으며 살아갔고, 유일하게 결혼을 했던 남동생 안드레아는 결혼 후 6개월이 지나서 세상을 떠납니다. 나이 32세에 그는 4명의 가족을 죽음으로 떠나보내게 된 것입니다. 가족의 상실은 연속적으로 그를 흔들었습니다.

그런 뭉크에게도 첫사랑이 있었습니다. 그는 자신의 후원자 프리츠 탈로의 도움을 받아 처음으로 파리 여행을 갔습니다. 그리고 그 여행에서 프리츠 탈로의 형수인 밀리 탈로를 만나게 됩니다. 이미 결혼한 그녀는 한 남자의 아내였으나 뭉크는 그녀에게 처음으로 사랑이라는 감정을 느꼈고 그 감정은 그의 인생에서 처음 경험해보는 새로운 것이었습니다.

뭉크는 탈로의 존재로 살아 있음을 느꼈고, 칙칙하던 삶에 숨결이 불어 넣어지고 생기가 도는 경험을 했다고 기록했습니다. 모든 것이 '살아 있기' 때문에 가능했던 것입니다. 뭉크는 가족의 죽음을 경험하며, 삶이 어떤 가치가 있는지 스스로에게 되묻고 어떤 대답도 찾지 못하고 꾸역꾸역 살아왔지만 결국 그랬기에 그녀를 만날 수 있었습니다.

뭉크는 자신의 순정을 바쳐 사랑을 했지만 탈로는 매우 자유분방한 여성이었고, 그녀는 뭉크 이외에도 만나는 남자들이 많았습니다. 뭉크는 연애를 하는 동안 그녀를 가졌다가

잃는 경험을 반복적으로 하게 됩니다. 결국 뭉크는 유학을 떠나게 되면서 탈로와 최종적으로 이별을 합니다. 그녀와의 연애는 만남과 이별의 반복이었습니다. 사랑하는 그녀와의 반복적인 이별은 인간관계에서의 불안을 느껴왔던 뭉크를 더욱 불안하게 흔들기에 충분했습니다.

뭉크는 그렇게 20대의 사랑을 탈로에게 바쳤습니다. 그리고 그 뒤로 두 번의 연애를 더 했습니다. 그러나 그는 그 누구와도 결혼하지 않았고, 81살의 나이에 독신으로 생을 마감했습니다.

오랜 시간이
지나도

뭉크가 53살이 되던 해, 그는 빈센트 반 고흐에 대한 존경을 담은 작품 〈별이 빛나는 밤〉을 그립니다. 고흐의 여름밤과는 다르게, 뭉크의 〈별이 빛나는 밤〉은 겨울 속 밤하늘이었습니다. 그는 그림과 함께 다음과 같은 메시지를 남깁니다.

▲〈별이 빛나는 밤〉, 에드바르트 뭉크, 1893

"나는 얼마나 많은 저녁을 혼자 창가에 앉아서 당신이 여기 있지 않음을 안타깝게 생각했는지 몰라요. 당신이 여기 있었다면 우리는 같이 달빛 속의 바깥 풍경을 감상할 수 있을 텐데요."

뭉크는 여기에서 '당신'이 누군지는 밝히지 않았습니다. 그저 온 마음을 다해 사랑했지만 사무치게 그리워했던 사람일 것이라고 추측할 뿐입니다.

시간이 지나도 그리운 마음은 오랫동안 남을 수 있습니다. 그리고 자신의 선택에 따라 그리운 마음을 가지고 가는 방법도 달라질 것입니다. 마음이 찢어질 듯한 이별로 생긴 감정일 수도 있고, 혼자서 좋아했던 짝사랑 때문에 생긴 감정일 수도 있습니다. 뜨거운 마음이 식어 헤어진 관계일 수도 있고, 누군가의 큰 실수로 인해 갑자기 끝나버린 관계일 수도 있습니다. 그 형태가 어떠하든 과거를 추억한다면 아픈 기억들을 너무 오래 가지고 가는 것은 떠올릴 때마다 고통스러울 것입니다.

무드셀라 증후군도
나쁘지 않다

'무드셀라 증후군'은 추억을 아름답게 포장하면서 나쁜 기억은 없애는 기억 편향의 경향성을 가리키는 용어입니다. 무드셀라는 구약성서에 등장하는 인물로 969살까지 살았던 장수인데, 나이가 들수록 좋았던 기억만을 떠올리면서 과거로 돌아가고 싶어 한 인물입니다. 여기에서 유래하여 이 용어가 탄생했습니다.

사실상 무드셀라 증후군은 기억의 왜곡입니다. 하지만 다시는 돌아갈 수 없는 관계에서 힘들었던 기억들을 안고 가는 것도 지금의 나를 위해서는 현명한 선택이 아닐 수 있습니다. 아픈 기억이 있었는데도 그 사람을 계속 떠올리고 있다면, 그 시간들을 미화하며 기억을 왜곡하는 것도 하나의 방법입니다. 과거의 관계에서 상대방이 나와 함께 있던 시간이 행복하지 않았다는 것, 혹은 상대방이 나로부터 만족감을 얻지 못했다는 것을 계속 생각하는 것은 나의 자존감만 낮춥니다.

누군가와 함께하지 못하는 상황에 숨이 턱턱 막히고 가슴 아픈 시간들이 계속되어 힘들 수 있습니다. '왜 나는 당신에게서 빠져나오지 못할까.' 한 번 한 번 숨을 쉴 때마다 그리움에 눈물을 떨구던 시간들도 있을 겁니다. 그렇다고 하여 그 사람을 알기 전으로 돌아갈 수도 없습니다. 떠올려보면 사랑했던 시간들이 참 많은 행복을 주었습니다. 그리운 감정을 가지며 후회를 하거나 억울한 마음을 갖기보다는 '그래도 참 좋았다'는 따뜻한 감정으로 마음을 채우려고 노력하는 건 어떨까요?

누군가를 여전히 그리워하고 있다면, 다음의 질문들을 통해
기억을 긍정적으로 포장해보세요.

◆

그 사람과 처음 만났던 순간은 어땠나요?

◆

그 사람을 사랑한다고 느꼈던 때와 장소,
그때의 풍경, 소리, 냄새 등은 어땠나요?

◆

그 사람과 갔던 장소 중 가장 좋았던 곳은 어디인가요?

◆

그 사람에게 들었던 말 중에 가장 좋았던 말은 무엇인가요?

◆

그 사람으로부터 내가 무엇을 배웠나요?

자존감

'잘했어'
이 한마디가
그렇게 어려울까

어린 아이들은 현실과 상상을 구분하는 논리적인 사고가 부족합니다. 그렇기에 부모님이 설명해주는 이야기들을 실제 현실이라고 믿는 경우가 많습니다. 이런 환상의 영역은 대부분 어릴 때에만 있다가 어른이 되면 사라진다고 생각하지만 사실은 그렇지 않습니다. 환상의 영역들은 성인이 되어서도 생성되고 유지됩니다. 그리고 반대로 '나'라는 사람이 누군가의 환상을 지켜줄 수 있는 부모와 같은 존재가 되기도 합니다.

칭찬받지 못했던
토끼

어린 시절 저는 토끼라는 동물을 상당히 좋아했습니다. 부모님은 이런 저의 취향을 알고 편식하는 습관을 고치고자 토끼를 적절하게 사용하셨습니다. 유치원에 다니던 시절 곰이 마늘과 쑥을 100일간 먹고 사람이 된 단군신화를 설명해주면서 생 당근을 계속 먹으면 토끼가 될 수 있다고 말씀해주셨습니다. 어린 시절 앨범 속에는 토끼귀가 달린 후드티를 입고 당근을 들고 있는 사진을 종종 볼 수 있습니다. 이때 습관이 들어 지금도 신선한 채소들을 잘 먹습니다.

하지만 부모님께서는 칭찬에 유독 박하셨습니다. 무엇을 해야 하는지 알려주셨지만 열심히 수행하고 난 이후에는 충분한 칭찬을 받지 못한 기억이 많습니다. 늘 열심히 했고 결과도 전반적으로 좋았지만 잘했다는 이야기를 듣지 못하니 '난 열심히는 하는데 칭찬받을 만큼 충분하지는 못한 사람인가'라는 생각이 자리 잡기 시작했습니다. 이로 인해 성인이 되고 나서도 다른 사람들의 칭찬을 자주 왜곡해서 이해했습니다. 누군가가 잘했다고 칭찬해주면 '진짜일까?'라는 의심을 품었습니다. 다행히 곁에는 저를 지지해주는 사람들이 있었고, 충분히 가치 있는 사람이라고 말해주는 사람이 많았습니다. 덕분에 저는 저 자신을 믿고 행동할 수 있는 사람이 되었습니다. 그리고 그 의미를 다른 사람들에게 나누어줄 수 있는 사람이 되었습니다. 그러나 가끔은 아쉽습니다. 부모님께서 조금만 더 칭찬을 해주었다면 어린 시절 저는 저를 좀 더 믿지 않았을까요?

너무나 간절했던
아버지의 인정

프랑스의 후기 인상주의 화가 폴 세잔은 아버지로부터의 인정을 지독히도 원했으나 그러지 못한 채 쓸쓸히 생을 마감했던 화가입니다. 아들이 자신의 은행을 이어받길 원했던 세잔의 아버지는 그가 그림을 그리는 것을 매우 반대했습니다. 성공한 남자이자 엄격한 가장이었던 부친은 세잔의 꿈을 무시했고, 세잔에게 아버지는 존경의 대상이면서 동시에 원망

▲ 〈레벤망〉, 폴 세잔Paul Cézanne, 1866

의 대상이었습니다. 가장 하고 싶은 미술을 하면서 가장 인정받고 싶었던 사람에게 외면받은 삶이었습니다.

〈레벤망〉의 분위기는 어둡습니다. 무거운 공기 속에서 검은 모자를 쓴 아버지는 인상을 쓰며 의자에 걸터앉아 신문 《레벤망》을 읽고 있습니다. 그러나 흥미로운 것은 세잔의 아버지는 실제로 이 신문을 구독하지 않았다는 점입니다. 그럼에도 세잔이 그림 속에 이 신문을 넣은 이유는 세잔의 친구이자 소설가인 에밀 졸라가 이 신문에 글을 기고하고 있었기 때문입니다. 어릴 적부터 친구였던 세잔과 졸라는 각각 소설가와 화가가 되겠다는 꿈을 키웠으나 세잔의 아버지는 이 둘을 모두 한심하게 여겼습니다. 그러나 결국 에밀 졸라는 자신의 분야에서 성공했고, 세잔의 아버지는 그런 졸라를 결국 "해냈다"고 표현했습니다.

친구 졸라처럼 아버지의 인정과 칭찬을 받고 싶었던 세잔은 아버지 방의 벽에 자신의 작품 〈정물화〉를 걸어놓았습니다. 하지만 아버지는 성공한 화가 마네의 그림을 집에 걸어놓았다고 합니다. 세잔에게는 그를 지지해주고 알아주는 친구가 있었고 연인도 있었지만 안타깝게도 칭찬받을 준비가 안 된 그는 그들의 목소리에는 귀를 닫아버렸습니다. 아들이 선택한 길을 지지해주는 것이 세잔의 아버지에게는 참 어려웠던 일이었나 봅니다.

나의 세계를
지켜내주는 응원

'나는 잘하고 있는 사람'이라는 감각은 참으로 많은 것을 변화시킵니다. 똑같이 공부를 하더라도, 같은 상황에 놓이더라도 자신감을 가지고 앞으로 쭈욱 나아갈 수 있도록 만들어주는 강력한 힘이 됩니다. 인간은 혼자서도 스스로를 충분히 정의 내릴 수 있는 사람이지만 자신에 대한 긍정적인 정의가 다른 사람에게서 핑퐁되어 돌아온다면 그 힘은 더욱 커집니다.

나에게 필요한 사람은 결국 내 이야기를 들어주고, 내가 이 세상에 필요한 사람이라는 판타지를 만들어주는 사람입니다. 그리고 그 역할을 할 수 있는 사람이 부모뿐만은 아닙니다. 친구나 지인 혹은 연인과 같이 나를 잘 알아주는 사람도 그런 역할을 충분히 할 수 있습니다. 때로는 모두가 부재한다면 심리 상담가가 그런 역할을 할 수도 있습니다. 단 한사람이라도 나의 세계를 이해하고 충분히 받아준다면 '이렇게 살아가도 된다'는 안심감을 느끼면서 계속 걸어나갈 수 있습니다.

누군가는 자신의 이야기를 듣고 응원해주는 단 한사람의 부재로 인해 삶이 멈추는 경험을 합니다. 나에게 나의 이야기를 듣고 지지해주는 사람이 필요한 것처럼, 주변 사람들도 그러한 환상을 지켜주고 지지해줄 사람이 필요합니다. 삶이 지겹고 수렁에 빠진 것처럼 느껴질 때, 막막해서 앞이 잘 보이질 않을 때, 멈춰버리고 싶을 때, 자신의 이야기를 들어주고 공감해줄 수 있는 그 한 사람이 내가 될 수도 있습니다. 축 처진 손을 잡아주고 응원해준다면 나 자신이 한 사람의 세계를 지켜내주는 버팀목이 될 수도 있습니다.

"잘했어", "참 수고했어", "그리고 지금도 잘하고 있어"라는 한마디는 사람을 살리는 목소리입니다. 과거에 내가 그 이야기를 듣지 못했어도 누군가에게 이 한마디를 건네주세요. 여러분의 그 한마디가 삶을 살아갈 이유를 찾게 해줄 수도 있습니다.

혼밥, 혼술, 혼영…. 혼자서도 무엇이든 할 수 있는 문화가 점차 자연스러워지고 익숙해지고 있습니다. 혼자 밥을 먹는 것의 장점은 눈치를 보지 않고 먹을 수 있다는 것, 온전히 식사의 맛과 분위기에 집중할 수 있다는 것, 그리고 방해받지 않고 나만의 시간을 가질 수 있다는 것에 있습니다. 그러나 대화가 잘 통하고 웃음이 지어지는 누군가와 함께하는 식사보다 혼밥이 가지는 장점이 강력하지는 않습니다. 하지만 불편한 사람과 먹는 것보다는 혼밥이 낫습니다.

함께하고 싶은
시도들

집에 혼자 있는 시간 동안 무언가 소리가 나는 것을 틀어놓는 것을 습관으로 가지고 있지는 않나요? 마음연구소에 방문한 내담자 중에는 TV나 유튜브 방송 등 누군가 말하는 소리, 웃는 소리, 재잘대는 소리를 틀어놓고 생활하는 사람들이 많았습니다. 사적인 공간에서 아무도 있지 않다는 적막감을 견디기 싫었던 겁니다. 혼자 있을 때 누군가와 연락을 취하거나, 인터넷 상으로 댓글을 달거나 피드를 주고받으며 세상과 연결되어 있다는 감각을 느끼는 것은 인간이 가지고 있는 태생적인 외로움을 견뎌내려는 작은 시도들입니다.

TV에서 흘러나오는 소리들은 순간적으로 고립감에 빠져들지 않도록 도와주는 역할을 합니다. 우리의 뇌는 어딘가에 존재할 방송 속 인물을 보면서 마치 그 사람과 함께하고 있다는 착각을 불러일으킵니다. 결국은 누군가와 사실은 '함께'하고 싶은 마음이 만들어낸 행동들입니다. 외로움과 허전함의 해소, 정에 대한 욕구는 인간의 본능입니다. 결국 사람들은 최종적으로 자신의 생각과 감정을 공유할 수 있는 사람과의 접촉과 연결을 원합니다.

함께한다는 것의
의미

누군가와 함께한다는 것은 세상을 공유한다는 것입니다. 함께 무언가를 보고, 듣고, 참여하고, 이야기하는 것들은 자신의 세상 속 시간들의 일부를 꺼내 상대방의 시간과 맞닿도록 하는 행위입니다. 특별한 끌림이 있는 사람, 함께 있으면 편안한 사람, 웃음이 나는 사람, 안정감을 느끼게 해주는 사람. 이 사람이기에 가능한 특별함이 함께하는 시간에 생명력을 불어넣습니다. 누군가와 함께하는 순간 색(色)이 없던 세상에 색채들이 움직이기 시작합니다. '이 사람은 어떤 사람인가?'라는 질문에 대한 대답들을 찾아나가고 상대방의 매력 속에 점차 빠져듭니다. 나와 연결된 특별한 누군가가 생겨난 것입니다.

함께하는 상대방을 알아가는 것만으로도, 잠깐의 연락만으로도 생기가 돌던 하루가 있었지만, 이제 그때만큼의 관심과 연락으로는 마음이 채워지지 않습니다. 설레던 감정에 생겨버린 내성 때문에 약속을 잡고 손꼽아 식사 시간을 기다리는 시간들은 당연한 일과 중 하나가 되어버렸고, "잘자"라는 말 한마디에 떨려 잠을 잘 수 있을까 생각했던 밤은 그날 하루를 마무리하는 인사말 뒤에 그저 흘러갑니다. 상대방을 통해 피로감을 잊었던 날도 있었는데, 지금은 피곤해서 만나는 날을 미룹니다.

그러나 익숙해졌다는 것이 함께 있지 않아도 괜찮다는 것을 의미하지는 않습니다. 함께했던 즐거움만큼, 상대방과 떨어지는 것은 고통스럽습니다. 감정에 온전히 자신을 맡겼던 사람은 상대방의 작은 움직임에도 불안감을, 위태로움을, 쓸쓸함을, 서운함을, 배신감을, 분노를, 슬픔을, 그리고 다시 혼자될지 모른다는 두려움을 느낍니다. 이런 감정을 화폭에 담아낸 것이 조지 클로젠의 〈울고 있는 젊은 여자〉입니다. 그림 속에 여자는 뼈에 사무치는 상실의 두려움과 고통을 고스란히 나타내고 있습니다.

당신이 사라져버린
시간

조지 클로젠은 영국의 화가로 오늘날에는 크게 이름이 알려져 있지는 않지만, 그가 살아 활동하던 시대에는 동시대 최고의 화가 중 한명으로 이름을 알렸습니다. 국가도 클로젠의 예술에 대한 공로를 인정해서 그는 기사단을 수여받기도 했습니다.

그림 속에 등장하는 주인공은 발가벗은 채 마치 태아가 어머니의 뱃속에서 잉태되고 있는 모습으로 십자가 앞에 무릎을 꿇고 있습니다. 생명이 있던 흔적도, 생명을 앗아간 흔적도 없는 삭막한 들판에 아무것도 걸치지 않은 여인의 울음소리가 그림 너머 이곳까지 들려오는 듯합니다. 새하얀 피부가 바들바들 떨리고 어깨가 들썩이며 끊임없이 눈물이 흘러나오는 모습입니다. 통곡에 가까운 울음소리가 울려 퍼지고 들판에는 아무 대답도 들리지 않습니다.

조지 클로젠은 제1차 세계대전 중 목숨을 잃은 수많은 젊은이들을 애도하기 위한 목적으로 이 그림을 그렸습니다. 여성의 사무치는 슬픔은 직관적이고, 저 멀리 보이는 전장 분화

▲ 〈울고 있는 젊은이〉, 조지 클로젠Sir George Clausen, 1916

구는 얼마나 많은 폭격이 있었는지를 여실히 보여주고 있습니다. 작가의 딸 캐서린 역시 결혼을 약속했던 사람을 제1차 세계대전 중 잃었습니다. 딸이 사랑하는 사람을 잃으며 겪었던 고통은 온 가족에게도 아주 큰 영향을 미쳤고, 그 슬픔의 흔적들은 클로젠의 손을 통해 캔버스에 기록되었습니다.

클로젠은 이 그림 속에서 두 가지를 이야기하고 싶었습니다. 첫 번째는 전쟁을 통한 '죽음과 이별'에 관한 이야기이고, 두 번째는 '상실감'에 관한 이야기입니다. 아마도 그림 속 여성 앞에 묻혀 있는 사람은 그녀가 사랑했던 누군가일 것입니다. 어떤 표정인지, 어떤 얼굴인지 알 수 없는 익명의 슬픔이지만, 그녀가 표현하고 있는 슬픔과 상실감은 구체적으로 보여집니다.

이별 이후의
선택

상실의 고통을 겪은 내담자들에게 이 그림을 보여주었을

때 그들은 자신의 마음을 그림 속 여성에게 투사했습니다. 그리고 이 여성에게 주고 싶은 선물을 그림 위에 그리도록 했을 때 담요, 따뜻한 빛, 안아주는 누군가, "괜찮아"라는 응원의 말 등을 남겼습니다. 자신이 받고 싶은 위로를 그려낸 것입니다.

엎드려 있는 여인이 상실한 것은 중요한 사람과 함께하기로 기대했던 미래입니다. 그렇기에 상대방이 사라져버렸다는 고통은 함께 살아왔던 시간들이 송두리째 사라져버리는 감각을 느끼게 합니다. 실제로 그 시간들이 사라져버린 것은 아닙니다. 그러나 약속된 관계가 사라져버렸다는 두려움은 과거의 시간들이 실제로 존재했던 시간들이었는지에 대해 의문을 품게 만들 만큼 머릿속을 혼란스럽게 합니다.

고통스러운 이별을 겪어본 사람은 죽음보다 더한 '상실감'으로 아픔을 느껴본 적이 있을 것입니다. 끝나가는 관계 속에서 함께 있지만 상대방의 마음은 나와 같지 않다는 생각이 들 때, 상대방의 미래에 내가 없는 것 같다는 생각이 들 때, 그 사람을 잃을지 모른다는 생각이 들 때, 나를 지배하는 두려움은 나 자신의 뿌리까지 흔들어버릴 수 있습니다. 이 두려움은 앞으로의 삶을 포기하고 싶다는 생각이 들 정도로 한없이 자신을 나약하게 만들기도 합니다.

시작된 소중한 인연이 영원히 지속된다면 두말할 나위없

이 좋겠지만 언제까지나 인연은 지속되지 않습니다. 그리고 그런 관계의 끝에 서 있다면 변하는 감정들에 끌려다니는 것이 아니라, 두 눈을 뜨고 감정을 똑바로 바라볼 필요가 있습니다. 세상을 잃은 것처럼 아픔이 느껴지고 죽을 것 같은 느낌이 들 수도 있습니다. 그러나 세상을 잃은 것도 아니고 이별로 죽는 일은 거의 없습니다. 상대방이 없던 시간 속에서도 각자 충실히 살아왔던 객체들입니다. '당신이 없었으면 이 시간들을 어떻게 지내왔을까?'라는 생각은 상대방이 특별하기 때문에 부여된 개인의 의미일 뿐입니다. 그 사람이 없었더라면 다른 방식대로 삶을 꾸려왔을 것이고, 그 사람이 없었더라도 지금의 삶을 사는 데에는 아무런 지장이 없었을 것입니다.

함께함으로 인해 생겼던 기쁨의 시간들이 그 모습으로 간직될 수 있도록 하기 위해선 많은 노력이 필요합니다. 설렘과 즐거움이라는 귀한 감정들이 질투와 의심이라는 폭력적이고 하찮은 감정으로 변하는 것을 지켜보는 것도 내 시간들에 대한 예의가 아닙니다.

억눌려온 감정이 잔뜩 쌓여 있다면 〈울고 있는 젊은 여자〉 속 여인처럼 온몸이 떨릴 정도로 오열해보는 것도 하나의 방법입니다. 세상에 없던 인연을 태어나게 한 것은 분명 나의 선택이었습니다. 그 인연이 사라져가고 있다면, 사라진 인연

속에서 외로움을 느끼며 머무를 것인지, 아니면 잘 묻어주고
십자가를 꽂아줄 것인지를 결정하는 것도 나의 선택입니다.

나의 마음은 지금 무엇을 필요로 하고 있을까요?

◆

그림을 처음 접했을 때 어떤 감정을 들었나요?

◆

그림의 내용을 알기 전에 주인공은 무엇 때문에
울고 있다는 생각을 했나요?

◆

이 여성에게 무엇이 필요할까요?

◆

이 여성에게 위로의 말을 건넨다면 어떤 말을 하고 싶은가요?

◆

이 여성은 앞으로 어떻게 될까요?

study
4

미술이
삶에
스며들 때

　미술은 왠지 어렵습니다. 미술관에 가야만 접할 수 있을 것 같고, 심오한 세계가 있을 것 같기도 합니다. 미술의 역사와 표현 기법을 알아야 할 것 같고 거장들의 인생을 알아야 그림을 이해할 수 있을 것 같습니다. 그러나 예술가들의 삶을 이해해야만 예술을 이해할 수 있는 건 아닙니다. 미술은 항상 우리 주변에 존재합니다. '미술이 어떻게 시작됐는가?'에 대한 대답을 떠올려보면 이 사실을 알 수 있습니다.

미술에 대한
욕구

미술에 대한 욕구는 나와 나의 주변을 더 좋아 보이게 만드려는 시도에서부터 시작되었습니다. 인류가 정착 생활을 시작하자 주거 환경이란 게 생겨났습니다. 머무는 장소와 계속 봐야 하는 물건들이 생겨났습니다. 초기의 인류는 오직 실용적인 목적으로만 물건을 만들었지만, 나의 주변을 더 나은 환경으로 장식하려는 욕구는 실용적인 것들을 꾸미도록 만들었습니다. 사람들은 벽에 그림을 그렸고, 토기 표면에 무늬를 넣기 시작했습니다. 미술의 작은 도약은 이렇게 시작되었습니다.

자신의 주변을 꾸미기 위한 시도는 지금 우리들의 방에서도 찾아볼 수 있습니다. 인테리어 액자, 조명, 소품 등을 고르면서 자신의 눈에 예뻐 보이는 것을 선택합니다. 물건을 살 때에도 가격과 성능만 보고 사는 것이 아니라 미적으로 마음에 드는 물건을 고릅니다. 이때 '예쁘다'는 것은 절대적인 척도가 있는 것이 아니라, 나의 마음에 와닿은 것을 의미합니다. 같은 가격대에 수많은 옷이 있지만 내가 만족감을 느끼고, 내게 어울리는 옷을 고르고, 내 눈에 예쁜 것들을 삽니다. 종종 사용성이 없는 예쁜 쓰레기라 불리는 것들도 주변에 둠으로써 기분 전환을 한다든가 삶의 만족도를 높입니다. 색과 형태가 포함된 모든 물건들에는 미술이 포함되어 있습니다. '난 미술을 몰라, 미술에 관심이 없어'라고 이야기하는 사람들조차 모두 본능적으로 미적인 환경을 추구하고 살아가고 있습니다.

눈에 들어오는 모든 것들이 미술이고 디자인이며, 매일 보는 건축도, 행사를 알리는 포스터도 미술의 한 분야입니다. 우리는 일상에서 항상 스마트폰을 봅니다. 어플리케이션을 많이 이용하는데, 디자이너들은 사용자들에게 시각적 만족감을 주기 위해 화면을 공들여 디자인합니다. 의식하지 못할 뿐이지 미술은 이미 우리 삶에 스며들어 있습니다.

아기자기한 동네를 구경하며 감상하는 것도, 그 앞에서 기념 촬영을 하는 것도 미술적인 관점에서는 감상이 될 수 있습니다. 우리는 늘 미술과 함께 살아가고 있는 것인데, '작품'이라는 거창한 단어로 분리해서 생각하니 힘들게 전시장을 가야 하고, 비싼 입장료를 내야 하고, 문화생활이라는 것을 별도로 해야 하는 것처럼 생각됩니다. 전시장 안의 그림은 여러 미술의 한 형태일 뿐입니다.

새로워진
미술적 접근들

미술작품의 모습은 점점 다양해지고 있습니다. 주변의 모든 것을 미술로 보는 광의적 관점에서 다시 전통적 관점으로 미술을 바라보겠습니다. 과거에 미술은 입체 조각상과 유화로 그려진 평면 그림이 전부였으며, 사진을 하나의 예술 장르로 인정하지도 않았습니다. 그러나 미술관 안에서도 많은 변화들이 있었습니다. 개념적인 대상부터 일상의 오브제 그리고 영상까지, 전시되는 미술의 영역이 확장되었습니다. 미술의 주제도 변화했습니다. 과거에는 신이나 영웅, 그림을 의뢰한 부유층이 그림 속 주인공이었지만, 지금은 작가의 고민과 생각들이 주요한 주제가 되고 있습니다. 그리고 작품 속 배경이 우리가 가까이에서 경험한 동시대의 아픔을 담고 있기도 합니다.

〈April-053〉은 그림이 아니라 사진입니다. 흑백으로 찍혀 있는 풍경 사진 위에 촘촘히 자수가 놓아져 있습니다. 끝도 없이 펼쳐진 검은 바다는 무엇이든 삼킬 듯 깊고, 그 고요함 위에 직선의 자수들이 모여 곡선의 움직임을 만들어내고 있습니다. 풍경 사진의 장소는 세월호 사건이 일어났던 전라남도

▲ ⟨April-053⟩, 김진희, 2017

진도입니다. "바느질이란 한 순간도 멈추지 않는 신체 언어"라고 설명한 김진희 작가는 부드러운 실을 사용한 자수 놓기로 상처를 감싸는 치유적 행위를 표현하고 있습니다. 상처의 표상들 위에 밝고 아름다운 패턴들이 수놓여 있습니다. 패턴들은 시간의 흐름에 따라 자연스럽게 또 다른 형상과 색으로 변화하고 있습니다. 이것은 거대한 상처가 시간이 지남에 따라 어떤 식으로 극복되고 치유되는가에 대한 김진희 작가의 고민과 흔적입니다.

김진희 작가는 사진을 주 매체로 사용하는 한국의 젊은 작가로 사진 위에 자수를 놓거나 사진을 절단하고 오려내는 등 매체 고유의 속성을 전복시키는 다양한 표현들을 연구하고 있습니다. 사진은 분명 실제를 기록하고 증명하지만 객관화될 수 없는 인간의 삶과 상처, 감정을 모두 담을 수는 없습니다. 그 한계 앞에서 작가는 바느질이라는 수공적인 개입을 시도함으로써 사진 매체의 한계를 극복하고자 합니다. 작품을 감상하는 관객들은 직간접적으로 경험한 아픔들을 자신만의 방식으로 치유할 수 있는 방향성에 대해 생각해볼 기회를 가질 수 있습니다.

나도 미술을
할 수 있다

　　과거보다는 미술에 대한 접근성이 가까워졌습니다. 미술이 고유한 특정 사람들의 영역이 아니라 힐링을 위해 쉽게 접근해볼 수 있는 하나의 장르로 일상에서의 영역을 확장하고 있습니다. 미술을 알기 위해서 두껍고 지루한 서양 미술사 책을 보는 것이 대부분이었던 과거와는 달리 미술을 알기 쉽게 풀어 설명하는 책이 많아졌고, 미술을 철학, 과학, 인문학 등 여러 분야와 접목하여 재미있게 알려주는 매체도 많아졌습니다.

　　그림 구매도 쉬워졌습니다. 경매나 화랑에 가서 비싼 돈을 들여 사지 않더라도 디지털 아트, 판화나 스크린 등을 사서 언제든지 가까이에서 그림을 두고 감상을 할 수 있게 되었습니다. 렌탈을 통해 주기적으로 작품을 바꾸면서 감상할 수 있는 시스템도 생겨났습니다.

　　그림을 그린다는 행위 자체에 대한 접근도 수월해졌습니다. 타블렛과 같은 디바이스가 대중적이게 되었고 원데이 클래스나 유튜브를 통해 미술을 쉽게 접하고 배울 수 있게 되었습니다. 혼자 집에서 할 수 있도록 도안이 그려진 컬러링북도 생겨났고, 넘버링이 되어 있는 숫자에 따라 색을 칠하기만 해도 완성이 되는 그림 키트도 있습니다. 우리는 누구나 작품을 만들 수 있는 시대에 살아가고 있습니다.

미술을 감상하는 것도 즐거운 행위이지만 창작은 적극적인 행위가 수반되기에 감상과는 또 다른 긍정적 에너지를 가져옵니다. 심리 치료 분야에서 미술치료가 각광받고 있는 것도 이 때문입니다. 초등학교 때 그린 그림일기가 그날 하루를 압축한 이미지인 것처럼 미술은 함축적이고 상징적이며 한 이미지 안에 여러 이야기들을 담을 수 있습니다. 잘 그려야 한다는 부담감은 필요 없습니다. 내 마음을 표현하는 것이 곧 작품입니다.

마음 속 미술관
활용하기

우리는 자연을 보면서 마음에 그림을 담을 수 있습니다. 그러나 자연 그 자체는 미술이 아닙니다. 인간이 만든 것이 아니기 때문입니다. 미술은 인간이 만들었다는 기본적인 행위를 바탕으로 합니다. 물론 이 역시 인간이 정의 내린 것이지만 자연을 찍은 사진이나 자연을 표현한 그림은 미술작품이 됩니다.

내 마음속에 전시장에 걸리는 작품은 사진과 같은 구체적인 이미지나 그림과 같은 기술적인 표현이 꼭 필요한 것은 아닙니다. 상상 속에서의 미술 작업도 충분히 마음에 걸 수 있습니다. 인상 깊게 본 한 폭의 장면장면들은 각자의 마음속에 캡처가 가능합니다. 이 이미지들을 마음속 전시장에 걸어보세요.

반드시 구매하지 않았더라도 오늘 샵에서 보았던 굿즈, 놀러가서 보았던 아기자기한 벽화도 마음 한 켠에 전시 가능합니다. 내 기억의 보물창고가 미술인 셈입니다. 그리고 그것에 나만의 제목을 붙여보세요. 오늘 저녁 집에 오면서 본 노을은 그저 '붉은 노을'이 아닙니다. 오늘 하루 동안 받았던 스트레스를 태워주는 '스트레스 소각장' 혹은 누군가와 함께 노을을 보던 기억을 떠올리게 해준 '오렌지색 추억'이라고 제목 붙일 수 있습니다.

작가가 창작한 미술작품을 내 마음에 가져올 때에, 작가가 정해놓은 제목을 마음대로 바꾸어보는 것도 재미있는 감상 과정이 될 수 있습니다. 다양한 굿즈에 인쇄되어 있는 고흐의

〈해바라기〉를 '식어가던 열정을 다시 불태워줄 노란 에너지'라는 제목으로 내 마음의 미술관에 걸어놓을 수도 있습니다.

일상의 모든 것은 미술이 됩니다. 보고, 느끼고, 선택하고, 감상하고, 감명받고, 힐링받는 대상들에는 모두 미술이 담겨있습니다. 미술은 결코 어렵지 않습니다. '행복'이라는 감정을 떠올리면 생각나는 미술작품 한 점, 그리고 내 기억의 장면 한 장을 떠올려보세요. 이와 같은 방식으로 '외로움' '응원' '사랑'과 같은 감정들을 작품 한 점과 내 기억들과 연결해보세요. 일상과 미술을 분리해서 생각하지 말고 연결시켜보는 것, 미술과 친해지는 또 하나의 방법입니다.

관종이
뭐가 어때서

수많은 현대인들이 외로움 속에서 연결을 원합니다. 정도의 차이는 크나, 기본적으로 우리는 타인의 관심이 부재한 삶을 살아가고 싶어 하지 않습니다.

마음연구소에 언제나 화려한 복장으로 액세서리를 하고 네일아트로 손톱을 꾸민 채 찾아오는 여성 내담자가 있었습니다. 과한 노출과 눈에 띄는 색으로 자신을 두른 그녀는 종종 화려한 가발을 쓰고 오기도 했습니다. 그녀가 지나가면 사람들의 눈이 그녀를 따라갔습니다. 그녀는 그 시선을 불편해하기보다 즐기는 듯했습니다.

항상 과한 손동작과 목소리로 자신을 표현하는 그녀는 1년 전 정신건강의학과에서 연극성 성격장애라는 진단을 받았습니다. 연극성 성격장애는 감정 표현이 과장되고 주변의 시선을 받으려는 일관된 성격상 특징을 갖고 있는 인격장애를 일컫습니다. 끊임없이 눈에 띄는 행동을 하는 사람들이 대부분이어서 곁에 사람들이 많은 것처럼 보이지만, 그들은 늘 외롭습니다. 연극에는 주인공이 있고, 연극이 완성되기 위해서는 관객이 필요합니다. 연극이 끝나고 텅 빈 무대 위에서 배우들은 쓸쓸하고 공허합니다. 그렇기에 연극성 성격장애를 가진 이들은 관심이 사라지는 순간, 외로울 수밖에 없습니다.

꼭 연극성 성격장애가 아니더라도 관심이 사라졌을 때 불안감을 느끼는 사람들은 상당히 많습니다.

사랑받고 싶은
발버둥

한국은 모난 정이 돌을 맞는 문화를 오랫동안 가져왔던

나라입니다. 눈에 띄는 행동을 하거나 자신의 개성을 표현하는 것은 지양해야 할 것으로 여겨졌습니다. 과거에 한국 문화는 집단생활을 중시했고, 대가족 문화에서 성장한 사람이 많았습니다. 하지만 현 시대에는 대부분이 적은 가족 구성원으로 이뤄져 있고 사람들의 생각도 개인주의로 바뀌었습니다. 1인 가구로 살아가는 사람들의 비율은 점점 늘어나고 있으며, 결혼을 하더라도 아이를 낳지 않고 지내는 딩크족도 점점 많아지고 있습니다. 점차 유대관계 속에서 자신을 확인하는 일은 줄어들고, 소통의 부재는 관심의 부재로 연결되고 있습니다.

진화심리학자 엘렌 디사냐야케는 처음 태어나 어머니와의 관계를 맺은 아이는 가족과 친척, 친구들을 통해 소속감을 발달시킨다고 설명합니다. 그러나 이 시기에 자신이 집단 속에서 어떤 가치를 가지고 있는지를 건강하게 형성하지 못하면 관계에 대한 왜곡된 가치관을 정립해버린다고 설명합니다. 지인에게 자신의 존재를 보여주기도 하지만, 전혀 알지 못하는 익명의 사람들에게도 상당히 눈에 띄는 행동을 하며 '나'라는 존재를 알리려는 사람들이 있습니다. 우리는 이런 사람들을 관심종자, 즉 관종이라고 부릅니다.

관종은 유난히 튀는 행동이나 말을 많이 해서 사람들의

주목을 이끌어내고 반응을 얻어냅니다. SNS에서의 댓글이나 좋아요의 개수, 혹은 다른 사람들의 입에 자신의 이름이 오르내리는 것에 즐거움을 느낍니다. 누구나 타인으로부터 존재감을 확인하고 싶은 욕구는 있으나 이것이 과한 수준에 이를 경우에는 사회적으로 부정적 영향을 끼칩니다. 그저 주목받을 목적으로 악의적 글을 쓰거나, 악의적인 사진이나 영상을 올리기도 하는 것입니다.

그러나 관심이 절대적으로 나쁜 것은 결코 아닙니다. 관계할 관關과 마음 심心이 조합된 단어인 관심은 '어떤 것에 마음이 끌려 주의를 기울임. 또는 그런 마음이나 주의'를 뜻합니다. 관심은 의식의 본질이자 그 사람의 지향성을 나타내는 말로써, 그러한 마음을 누군가로부터 받는다는 것은 분명 행복한 일입니다. 부모의 관심을 통해 인간은 생존하며, 주변의 관심을 통해 다치지 않고 성인이 됩니다. 그리고 또래 관계의 관심을 통해 사회생활을 할 수 있는 힘을 키웁니다.

타인의 관심에 대한 욕구를 차단한 채 지내는 사람들은 때로는 고립되기도 하고, 자신의 존재 가치를 상실해버리기도 합니다. 이런 상황에서 관심을 받으려는 발버둥은 사회적 생존을 위한 안쓰러운 행동일 때도 있습니다. 그것이 과하고 병리적으로 발현되어 타인의 눈살을 찌푸리는 수준이 아니라면, 어느 정도는 필요한 일이기도 합니다. 관심을 통해 '내'가 존재한다는 느낌을 잃지 않을 수도 있기 때문입니다.

대화와 소통이
필요할 뿐

저 위로 고개를 들어보니 난간에서 이쪽을 보고 있는 사람들이 눈에 보입니다. 그중에서는 혼자인 사람도 있고, 둘셋씩 무리를 지어 있는 사람들도 있습니다. 무언가 소리가 났는지, 혹은 움직이고 있는 무엇을 보았는지 사람들은 이쪽을 바라보고 있습니다. 검정색 실루엣으로 표현된 사람들은 누가 누구인지 알 수 없고, 높은 벽을 채운 검정색은 난간의 사람들과 이쪽이 연결될 수 없는 텅 빈 공간을 상징하고 있습니다.

이주연 작가는 삶에서 자연스럽게 자리 잡고 있는 감정이 어떤 상황에서 어떻게 반응하여 변형되는지에 대한 기록을 계속 작업해왔습니다. 이 접근에는 본인과 타인에 대한 관심과 애정이 깔려 있습니다. 그렇기에 사람과 사람 사이의 관계에 대한 이야기를 작가의 그림에서 쉽게 찾아볼 수 있습니다.

저 위쪽 공간에 서 있는 사람들은 분명 나를 바라보고 있습니다. 동물원 속 동물을 바라보는 것과는 다릅니다. 사람들이 익명의 타인을 주의 깊게 살펴보는 것은 특별한 일이 아닙니다. 그리고 관심을 받는 사람은 익명의 사람으로부터의 시선을 통해 연결된 느낌을 받습니다. 이것은 평범한 일상 속에서 벌어집니다. 그림 속에는 현대 사회에서 인간이 겪는 외로운 감정, 그리고 고립감으로부터 벗어나려는 시도가 은유적으로 표현되어 있습니다. 지금은 난간 위 사람들이 나를 보고 있지만, 나 역시 매일 저 난간에 서서 다른 사람들을 주시하고 있기 때문입니다. 쳐다보는 것이 목적은 아닙니다. 그들과 소통하고 대화하고, 세상과의 연결점을 만들어가려는 것입니다.

이주연 작가는 관심에 대한 현대인의 이중적인 감정을 공간성이라는 구조적 특징과 결부하여 한지에 채색화로 표현했습니다. 한지라는 종이의 특성상 그림을 그리기 위해서는 한 번에 많은 양의 물감을 올리지 못하고 적은 농도의 물감을 쌓아 올리고 말리고를 반복해야 합니다. 이를 통해 한지에 견고하게 스며드는 깊이감은 분출되지 못한 억눌린 감정을 되새김질하는 듯한 집착처럼 표현되기도 합니다. 외롭고, 혼자이고 싶지 않고, 불안하고 싶지 않은 내재된 감정들이 얼굴이 보이

▲〈경계 1〉, 이주연, 2017 ▲〈경계 2〉, 이주연, 2017

지 않는 검은 실루엣의 사람들과의 연결을 통해 조금은 안정되고 있는 것처럼 느껴집니다.

사람들과의 소통은
삶의 중요한 수단

저 높은 난간에 아무도 없다고 생각해보세요. 검고 높은 벽 끝에 놓여진 텅 비어 있는 난간에 누군가가 와주기를 기다리는 사람도 있을 겁니다. 그저 침묵만이 흐르는 난간을 보며 안심하고 있는 사람도 있을 겁니다. '어차피 나는 혼자였으니까' 혹은 '누군가가 나를 제대로 알면 실망할 것이니까'와 같은 생각들은 나에게 관심을 주는 사람이 아무도 없어도 괜찮다는 합리화를 시키는 생각들입니다. 그러나 정말로 괜찮을까요? 정말 혼자라도 괜찮은 걸까요?

마음연구소에 온 내담자들은 종종 다른 사람이나 SNS에 지나치게 의존했던 자신을 책망합니다. 그리고 그 해결책으로 완전히 혼자되는 연습을 해보겠다고 말합니다. 이럴 때마다 이런 이야기로 조언을 전합니다.

"우리는 혼자 살아가는 사람이 아니에요. 무리해서 혼자 밥 먹기를 연습할 필요도 없고 갑자기 SNS를 지우지 않아도 돼요. 사람들 속에서 적당한 관심과 시선 속에서 살아가는 연습이 중요합니다."

의미 있는 사람들과의 소통은 한 개인에게 있어서 중요한 삶의 수단입니다. 그리고 자신에게 크게 의미 없는 사람들로부터의 주의와 관심 역시 누군가에게는 삶을 살아가는 중요한 가치일 수 있습니다. 'SNS는 삶의 낭비다'와 같은 말을 하며 쓸데없이 자신의 사생활을 노출한다는 이유로 SNS 활동을 맹목으로 비난하는 사람들도 있지만, 그 사람의 입장이나 환경에 되어보지 않고 타인을 일방적으로 판단하는 것은 옳지 않습니다.

과한 행동과 말로 다른 사람들을 비난하는 사람들도, 굳이 평범하지 않은 옷이나 메이크업으로 자신의 존재감을 과시하는 사람들도 마음속에 가지고 있는 생각은 비슷합니다. '고립되고 싶지 않다'는 것입니다.

누군가의 관심과 시선이 내가 살아 있다는 생각을 하게

만들 수도 있습니다. 그저 여기에도 있고 저기에도 있는 평범한 사람 중 한 명이 아닌 나 자신의 존재 가치를 우리 모두는 확인하고 싶어 합니다. 혼자는 사실 괜찮지 않습니다. 온기가 필요한 외로운 사람들의 행동을 그 누구도 비난할 자격은 없습니다.

어제와 오늘, 그림이 달라 보이는 이유

첫인상과 두 번째 본 인상은 다릅니다. 한 번도 본 적이 없는 그림을 처음 접할 때 생각하고 느꼈던 감정과 두 번, 세 번, 그리고 그 이상 접했을 때 느껴지는 감정이 달랐던 걸 경험해본 적 있을 거예요. 이것은 미술뿐만 아니라 음악이나 영화, 그리고 문학과 같은 다른 예술 장르에서도 경험 가능합니다. 어렸을 때 수능 공부를 위해, 혹은 부모님의 권유로 강제적으로 읽었던 고전문학이 나이가 들어감에 따라 다르게 다가오는 걸 느껴본 적 있을 겁니다. 음악도 어떤 상황에서 어떤 감정으로 듣는가에 따라 흘러 지나가는 감성적인 음악이 되기도 하고, 마음이 쿵 하고 아프며 눈물이 흐르는 음악이 되기도 합니다. 여러 가지 감정과 생각들은 같은 작품도 다르게 받아들이도록 만듭니다.

무의식의
목소리들

아이와 같은 선들, 약간 녹슨 듯한 기분 좋은 시원한 감각들이 눈을 사로잡습니다. 이 그림을 처음 보았을 때 저는 민트색을 좋아하는 새내기 대학생이었고, 막 미성년자로부터 벗어나 성인이 되어 새롭게 경험하는 것들이 모두 신선한 설렘으로 다가오던 때였습니다. 〈지저귀는 기계〉는 저의 설렘과 함께 산뜻하게 다가왔습니다. 막 새로운 일이 시작될 것처럼 그림 속의 빈 공간이 꿈으로 뭉쳐 있는 것 같았습니다.

그러나 시간이 지나고 여러 대인관계에서의 어려움과 아픔을 겪어가던 시기, 마음속에는 쓸쓸함과 외로움이라는 감정이 주를 이루던 때가 있었습니다. 그때 이 그림에 끌린 것은

▲ ⟨지저귀는 기계⟩, 파울 클레Paul Klee, 1922

앙상하게 철사로 그려진 새들, 그리고 함께 있지만 각각 떨어져 보이는 소통 없는 새들의 모습 때문이었습니다. 녹슨 배경이 억압되어 있던 다양한 감정들로 인해 고여 있는 우울한 색으로 다가왔습니다.

그림 속에서 관찰되는 색과 형태는 모두 같습니다. 철사로 된 네 마리의 새들이 하나로 연결된 손잡이가 있는 막대기에 매달려 있고, 바탕은 푸른색과 무채색이 희미하게 번져 있습니다. 그러나 의식되지 않는 부분들은 같은 이미지를 다르게 받아들이고 해석하여 자신만의 판단을 하도록 만듭니다.

무의식의
역할

정신분석학의 창시자이자 심리학의 아버지 프로이트의 업적 중 하나는 인간의 정신 안에서 무의식의 존재를 발견했다는 점입니다. 우리가 인지하고 말하고 행동하는 모든 것들은 의식의 세계에 포함되지만, 실제로 우리를 움직이는 정신의 대부분은 무의식이 차지하고 있다는 것이 그의 주장입니다. 어떤 것에 대한 이끌림, 거부감, 불편함 등의 감정도 무의식에 존재하는 정보들에 기반되었다고 설명합니다. 삶은 잔상을 남기고 과거는 현재에 영향을 주며 기억하지 못하는 순간들은 무의식에 저장됩니다.

의식과 무의식을 연결하는 중간에는 전의식이 존재합니다. 전의식은 기억이 날 듯 말듯 한데 한 번에 떠오르지는 않지만 노력하면 의식으로 끌어올릴 수 있는 영역입니다. 어떤 그림을 보고 '어, 이 그림 제목이 뭐였더라?'라는 생각이 들며 한 번에 생각나지 않지만, '아, 고흐의 별이 빛나는 밤이었다!'라며 생각이 뒤따를 경우 이 정보는 전의식에 저장되었던 정보입니다.

이 책에 등장하는 여러 그림들을 보았을 때 이유는 알 수 없지만 '그냥 이끌렸다'고 생각되는 그림들이 있을 겁니다. 그리고 대인관계에서의 변화와 마음의 변화를 겪으면서 더 알아가고 싶은 그림이 있을 수도 있고, 반대로 불편한 감정이 생겨 더 이상 알아가기 싫은 그림도 있을 겁니다. 이런 선택에 도움을 주는 것이 잠재되어 있는 무의식의 역할입니다.

반대로 이에 반하는 시도도 가능합니다. 지나치게 침울한 노래에 이끌리고 우울한 이미지들에 몰입하는 자신을 발견했을 경우, 이미 그 감정에 충분히 빠져있는 것이니 의도적으로 좋은 감정으로 이끌었던 자극들을 찾아볼 수 있습니다. 청각, 시각, 촉각 등 다양한 자극이 매개가 될 수 있고 음악, 그림, 무언가와의 접촉 등 다양한 형태로 나타날 수 있습니다. 무의식은 우리가 도달할 수 없는 영역에 있지만 그렇다고 해서 우리가 무의식의 조종에 그대로 끌려다닐 필요도 없습니다. 억지로 말을 물가에 데려가는 것은 가능하지만 결국 물을 마시는 선택은 말이 하는 것이기 때문입니다.

내 마음을 덮어씌우다,
투사

매일 지나가는 길에 놓인 전광판과 풍경들이 기분에 따라 달라 보이는 경험을 해본 적 있을 거예요. 기분이 좋은 날은 뭐든 좋아 보이는데 기분이 나쁜 날은 그냥 모든 게 다 싫게 느껴집니다. 아침에 새가 지저귀는 소리를 듣고 '새가 운다'고 느끼기도 하고 '새가 노래한다'고 느끼기도 합니다. 내 마음을 새의 지저귐에 덮어씌우는 투사projection가 일어났기 때문입니다.

투사의 의미를 수업 시간이나 회의 시간에 사용하는 빔 프로젝트beam-project에 빗대어 알기 쉽게 설명해보겠습니다. 투사는 영어로 'projection'입니다. 빔 프로젝트가 하는 수행 자체가 투사라는 겁니다. 내용의 실재는 USB 혹은 노트북이나 PC 본체에 있는데 빔 프로젝트가 하얀 스크린에 이미지나 영상을 보여줍니다. 스크린에 실재를 덮어씌운 것입니다.

투사는 프로이트가 설명한 방어기제 중 하나입니다. 내가 느끼는 심리적 상황을 다른 대상에게 덮어씌워 내 마음을 다른 대상에게 미루어 해석하는 행위입니다. 대인관계에서의 투사를 연인관계에 빗대어 설명해보겠습니다. 회사에서의 업무 스트레스로 기분이 썩 좋지 않은 여자친구가 퇴근 후 남자친구를 만나러 가고 있습니다. 여자친구는 이날 너무 피곤하고 쉬고 싶은 마음이 들었지만 이전부터 잡힌 약속이니 데이트 자리에 나갔습니다. 그런데 이때 남자친구가 피곤한 내색을 비추자 여자친구가 화를 내는 일이 발생합니다. "집에 가서 쉬고 싶은데 나 만나러 억지로 나온 거 아니냐"며 발끈합니다. 자신의 불편한 감정을 자신의 것이 아닌 남자친구의 감정으로 미루어버린 것이다.

이것과 같이 그림을 감상하는 데 있어서도 투사가 일어납니다. 현재 감정 상태에 따라 그림이 다르게 읽히는 것은 바로 감정의 투사 때문입니다. 카지미르 말레비치의 작품 〈결혼식〉에는 야외에서 결혼식을 하고 있는 한 쌍의 남녀와 축하하는 주변 사람들이 보입니다. 두 사람의 앞날을 기원하듯 길은 저 멀리 뻗어 있고 화창한 날씨 속에서 하얀 면사포가 그림 정중앙을 차지하고 있습니다.

같은 장면을 보고 우리는 모두 다른 접근을 합니다. 만약 결혼에 로망이 있는 미혼 여성의 경우 언젠가 축복받으며 사랑하는 사람과 결혼할 기대감으로 설렘을 느낄 수 있습니다. 결혼을 준비 중에 있는 사람이라면 복잡하고 스트레스 받는 결혼 절차가 모두 지나가고 어서 결혼식을 올리고 신혼여행을 떠나고 싶은 생각이 먼저 들 수 있습니다. 결혼한 지 한참 시간이 지나고 부부관계가 좋지 않은 사람이라면 젊음에 대한 그리움, 혹은 선택에 대한 후회의 감정이 들 수도 있습니다. 어떤 생각과 감정을 가지고 있는지에 따라 그림을 받아들이는 마음은 달라집니다.

.

▲ 〈결혼식〉, 카지미르 말레비치Kazimir Severinovich Malevich, 1907

새로운 관점으로
바라보는 그림

미술치료에 참여하는 내담자들이 여러 번 그룹 세션에 참여하다 보면 같은 프로그램에 다시 참여하는 경우가 있습니다. 그렇지만 그려지는 그림은 모두 다릅니다. 그때의 상황과 오늘의 상황이 다르고 지난 세션을 통해 자신을 바라보는 새로운 관점이 생겼기 때문입니다. 이와 마찬가지로 미술작품에 대한 정보와 이해도는 그림을 해석하는 방향성을 다르게 만들어줍니다.

아름다운 드레스를 입은 여인이 물속에 누워 있습니다. 곁에는 신선한 여름향이 나는 듯한 풀과 나무뿌리, 하얀색 잔꽃이 놓여 있습니다. 이 그림의 아름다움이 마음을 따뜻하게 만든다는 사람들도 많지만, 그림의 이야기는 관객의 시선을 바꾸기도 합니다.

영국의 화가인 밀레이는 셰익스피어의 희곡 《햄릿》의 등장인물 오필리아를 그림으로 그려냈습니다. 햄릿은 극 중에서 자신이 사랑하는 여인의 아버지를 실수로 죽이게 되는데, 사랑하는 사람이 자신의 아버지를 죽였다는 사실을 안 오필리아는 서서히 미쳐가게 되고 강에 빠져 죽음을 맞이합니다.

▲ 〈오필리아〉, 존 에버릿 밀레이John Everett Millais, 1852

《햄릿》에서는 이 부분을 다음과 같이 묘사합니다.

"그녀의 옷은 활짝 펴졌고 마치 인어처럼 물에 떠 있는 동안, 그녀는 그녀의 불행을 모르는 것처럼 아니면 본래 물속에서 태어나고 자란 것처럼 옛 노래 몇 구절을 불렀다. 오래 지나지 않아 그녀의 무거워진 옷이 그 가여운 것을, 아름다운 노래에서 진흙탕의 죽음으로 끌고 가버렸다."

작품 속 모델이었던 엘리자베스 시달의 삶도 편치는 않았습니다. 늘 여자가 많았던 시인 로제티와 어렵게 결혼을 했지만 결국 아편 중독으로 스스로 목숨을 끊었습니다. 부인에게 썼던 시를 관에 함께 묻었다가 다시 관을 파내어 시를 꺼냈다는 로제티의 이야기도 전해집니다. 아름다운 물속의 여인의 삶은 행복하지 않았던 것 같습니다.

작품이나 작가에 대한 정보는 그림을 바라보는 시각을 다르게 만들 수도 있습니다. 같은 대상에 대해서도 인식하는 관객의 입장에 따라, 접근하는 미술적 관심도의 깊이에 따라 다르게 다가옵니다. 어느 정도의 깊이로 미술을 즐기는가는 개인의 취향입니다. 정보를 많이 알고 있지 않다고 해서 낮은 수준으로 미술을 즐기는 것은 아닙니다. 어떤 그림이든 자신이 향유할 수 있는 힐링의 공간 안에 들어와 있다면 자신의 성장과 감정에 따라, 그림과 그저 친해지는 중입니다.

감정 에너지는 한정되어 있을까

감정 에너지는 물리적 에너지처럼 총량이 한정적입니다. 모든 사람에게 정해진 감정의 총량이 있고, 어떻게 사용하는지에 따라 한 사람의 하루가 구성되고 완성됩니다. 그러나 많은 사람들이 감정 에너지를 무한한 것이라 생각해서 후회나 불평을 하는 데에 감정을 쓴다고 해도 아무 상관없다는 듯이 행동을 합니다. "저는 생각이 너무 많아요"라고 이야기하는 사람들의 경우가 이에 해당합니다. 자신에게 득이 아닌 실이 되는 시간에 집중하기 위해 얼마나 많은 에너지와 시간을 투자하고 있는지 알지 못하고 있는 것, 즉 감정 에너지를 낭비하며 살아가고 있는 것입니다.

한 사람이 이용 가능한 에너지의 총량을 쉽게 설명하기 위해 감정 에너지를 숫자로 표현할 수 있습니다. 우리는 나이와 사회적 지위에 관계없이 모두가 24시간을 살아가고 있습니다. 감정적 에너지를 24시간처럼 100이라는 단위로 접근했을 때, 이 에너지는 오늘 아꼈다고 하여 내일로 이월되는 개념이 아니며 오늘 쓰지 않으면 소멸되어버립니다.

분배를
잘하지 못했다면

마음연구소에 방문했던 한 여성 내담자는 '나는 사랑받을 가치가 없어', '살이 찌면 사람들에게 외면당할 거야'라는 강력한 생각으로 매일 감정 에너지를 낭비하고 있었습니다.

아침에 잠에서 깨어나 거울을 본 그녀는 부은 자신의 얼굴과 마주했습니다. 어제 밤 늦게까지 강제로 회식을 하자고 한 부장님 생각에 화가 나서 감정 에너지를 15를 사용했습니다. 출근하는 지하철 안에서 지나가는 여자들의 다리가 자신의 다리보다 두꺼움에 대해 한탄하고, 자리에 앉았을 때 접히는 허릿살에 짜증을 내며 감정 에너지를 15를 사용했습니다. 점심 식사에는 맛있는 메뉴는 살찔까 두려워서 맛이 덜하고 칼로리가 적은 메뉴를 시키면 고르면서 감정 에너지를 10을 사용했습니다. 이미 헤어진 남자친구와 놀러 다니면서 먹은 고칼로리 음식들이 지금 살이 붙은 원이라고 생각하고, 살이 쪄서 사랑받지 못했다는 생각에 서러운 기분이 들어 감정 에너지 10을 사용했습니다.

점심식사를 마쳤을 때 이미 그녀는 하루 감정 에너지의 절반을 사용했습니다. 부정적 생각들이 만들어낸 감정 에너지 과소비의 결과로 일에 대한 집중도가 낮아지고 동료들과의 대화도 유쾌하지 않았습니다. 감정 에너지의 낭비로 입게 되는 피해는 단순히 감정 에너지를 쓸모없이 날려버렸다는 데에 있는 것이 아니라, 감정 에너지를 더 중요한 곳에 활용할 수 없는 데에 있습니다. 부정적인 곳에 감정 에너지를 이미 많이 써버린 후에는 긍정적 감정을 써보려고 하지만 남은 에너지가 없을 수 있습니다. 그럴 때 우리는 '소진되었다'는 생각이 듭니다.

감정은 질량으로, 부피로, 크기로 측량 가능한 대상은 아닙니다. 그렇기에 감정 에너지를 분할하여 접근하더라도 결국 감정들은 뒤섞여 존재할 것이고 계속되는 에너지의 흐름 속에서 그 크기가 변화해갈 것입니다.

러시아의 표현주의 작가 바실리 칸딘스키는 작품 〈구성 VII〉에 크고 작은 감정의 폭발과 소멸, 그리고 뒤엉켜 있는 에너지의 흐름이 구성하는 삶의 모습을 강렬하고 추상적인 색과 형태로 담았습니다.

감정의 리듬과
뒤엉킴을 그리다

추상 회화의 아버지라 불리는 바실리 칸딘스키는 다수의 추상화 〈구성〉 연작들을 그려냈는데 〈구성 VII〉는 그중에서도 가장 복잡한 그림입니다. 그의 그림 속에는 다양한 색채가 뒤섞여 있고 무엇을 그렸는지 명확하지 않은 형태들이 혼란스럽게 요동치고 있습니다.

칸딘스키의 그림 속에는 구체적인 대상이 보이지 않습니다. 현미경이 발명되어가던 때에 그는 현미경으로 미생물을

▲ 〈구성 VII〉, 비실리 칸딘스키, 1913

처음 접하게 되었는데, 이때 그는 세상에는 눈에 보이지 않는 것이 보이는 것보다 더 많다는 생각을 하게 됩니다. 이것을 계기로 칸딘스키는 예술의 방향성을 새롭게 정립하게 됩니다. 눈에 보이지 않는 것을 눈에 보이게 만드는 것이 예술이라고 정의 내립니다. 그는 형태로 나타낼 수 없는 것들 즉 감정, 느낌, 생각 등 눈에 보이지 않는 개념을 그림으로 표현하기 시작합니다. 감정은 눈에 보이지 않지만 우리 주변에 분명히 실재하고 있습니다. 관람객들은 자신이 느끼는 감정을 그대로 그림에 투사하면서 강렬한 움직임을 연주하는 칸딘스키의 붓자국을 따라 눈을 움직이게 됩니다.

다양한 색채 하나하나는 한 사람이 느끼는 감정의 파편들입니다. 이 파편들은 한데 뭉치기도 하고 흩어지기도 하면서 하나의 조화로운 그림을 만들어내고 있습니다. 붓질에서 오는 리듬감은 우울함과 즐거움을 오가는 감정의 생체 리듬을 시각화한 것으로 보입니다. 그림 속에는 무엇인지 알 수 없는 무언가가 크게 폭발하고 있습니다. 부정적 에너지가 폭발한 것이라면 남은 하루의 감정 에너지도 이에 물들 수 있습니다. 그렇게 될 경우 부정적 에너지에 감정을 낭비할 확률이 높아집니다.

칸딘스키의 그림에서 중요한 것은 이러한 감정들의 조화

로움입니다. 감정들은 뒤엉켜 있지만 리듬감 있게 분배되어 물감으로 표현됩니다. 그리고 종국에는 하나의 캔버스에서 균형 있게 배치됩니다. 칸딘스키의 〈구성〉 연작들을 찾아보면서 다른 감정들은 어떤 방식으로 구성되어 있는지 살펴보는 것도 흥미롭습니다.

감정 에너지를 낭비하는
세 가지 방식

자신의 삶이 그리 행복하지 않다고 생각하는 사람들이 감정 에너지를 조절해서 잘 사용하는 것은 의외로 간단합니다. 이런 사람들은 부정적인 에너지에 할당되는 총량이 기본적으로 많습니다. 그러니 불행을 위해 낭비하는 에너지를 줄여 감정 전체의 균형을 맞춰보면 됩니다. 그렇게 해서 여유분이 생긴 에너지는 자신을 위해 더 유용하게 사용할 수 있습니다. 생각과 감정은 습관과도 같아서 애써 노력하지 않으면 그동안 흐르던 방향대로 흐르는 습성이 있습니다. 혹시나 자신이 다음 중 하나에 지나치게 몰두하고 있다고 느낀다면, 부정적 방향으로 할당되는 에너지를 줄이려는 의도적인 시도를 해보는 것이 좋습니다.

감정 에너지를 낭비하는 첫 번째 방식은 과거를 한탄하는 겁니다. 여기에서의 핵심은 '과거가 달랐더라면 얼마나 좋았을까'라는 생각입니다. 인생의 많은 선택에 대해 후회하고 다른 선택을 상상하는 데 시간을 할애하는 것. 과거 첫사랑과의 이별, 이혼, 대학 낙방, 사업 실패, 친구에게 받은 상처 등 부정적인 기억과 감정에 에너지를 쏟는 것에도 장점은 있습니다. 스스로 피해자라고 인식하는 위안, 부정적인 사건을 되새김하며 얻는 자기 연민, 현재 불행에 대한 책임 전가를 과거의 탓으로 하면서 생기는 심리적 안도감, 그리고 과거의 기억과 사건을 되새기는 작업이 주는 재미 등이 있습니다. 그러나 생각은 과거에 정체되어버리고, 낭비된 감정은 긍정적이고 새로운 감정을 선택할 기회를 박탈합니다. 인생의 진도가 더 이상 나가지 않는 겁니다.

감정 에너지를 낭비하는 두 번째 방식은 미래를 걱정하는 겁니다. 여기에서의 핵심은 하루에도 몇 번씩 '만약에 이렇게 한다면 무슨 일이 벌어질까?'라는 생각을 기반으로 자발적으로 불안 감정을 생성해나가는 겁니다. 여기에도 장점은 있습니다. 미래를 걱정하는 적극적인 행동을 하고 있기에 피할 수 있는 무력감, 당장 그 무서운 일이 일어나지 않은 것에 대한 만족감, 그리고 최악의 시나리오를 만듦으로써 그 상황이 벌어지지 않았다는 소소한 안도감 등을 느낄 수 있습니다. 미래를 가정하는 질문들이 합리적이지 않다는 것은 아닙니다. 건강한 신념을 가진 사람도 미래를 걱정합니다. 그러나 이 문제들에 집착하는 것은 아무런 의미가 없습니다.

감정 에너지를 낭비하는 세 번째 방식은 현재를 불평하는 겁니다. 여기에서의 핵심은 '나는 현재의 삶이 불행으로 가득하다'는 생각입니다. 이미 헤어진 연인을 얼마나 좋지 않은 사람이었는지에 대해 곱씹고 이야기하며 시간을 보내는 것은 자신에게 아무런 득이 되지 않습니다. 직장 상사가 싫고, 회사가 싫고, 일이 많고, 자신은 일만 하고 결국 돈은 사장이 번다는 불평을 하는 것은 회사생활의 부정적인 측면을 더욱 강화시킬 뿐입니다. 현재를 불평하는 것에도 역시 장점은 있습니다. 사건의 책임을 외부적인 요인으로 돌림으로써 책임감을 회피하고, 자신이 미래에 무언가를 잘못했을 경우 지금의 불평 대상들에게 그 화살을 돌리고 안전감을 느낄 수 있습니다.

하루의 감정 에너지를
균형 있게 사용하기

하루의 에너지를 자신을 지치게 만드는 데에 사용하고 있다면 그 행동을 멈출 필요가 있습니다. 남자친구가 너무 싫다면 이별을 고려해볼 수도 있고, 잠시 시간을 가질 수도 있습니다. 자신을 미워하는 시간에 집중하고 있다면 잠시 멈추고 자신이 그동안 성취했던 것들의 리스트를 작성해볼 수도 있습니다. 애초에 맞지 않는 학과를 졸업해서 지금의 일에 도움이 되지 않는다고 후회하는 것보다 지금 내가 가지고 있는 것들을 더 잘 활용할 방법을 생각해보는 게 앞으로의 나날에 더 도움이 됩니다. 지금 걱정하고 있는 최악의 상황도 벌어질 확률은 크게 없습니다. 이 모든 것이 줄어들어야 하는 근본적인 이유는 하루를 구성하고 있는 감정의 균형이 이러한 에너지 낭비로 인해 무너지기 때문입니다.

감정 에너지는 한정적입니다. 그렇기에 한정된 감정들을 조율해서 자신에게 득이 되는 방식으로 현명하게 사용해야 합니다. 당장 긍정적인 감정을 사용하기가 어렵다면 부정적 감정에 낭비되는 에너지만 하나씩 줄여나가도 감정의 평균치는 상승할 거예요. 부정적 감정들이 주는 소소한 위안에 집중하지 말고, 습관처럼 하던 감정의 낭비를 의도적으로 멈추세요. 부정적 생각이 하루를 지배하지 않도록 삶의 균형을 조절해나간다면 매일의 감정을 조화롭게 구성할 수 있습니다.

**감정의 균형을 잘 이루면서 살고 있는지
다음 질문을 통해 체크해보세요.**

◆

아침에 일어나서 잠들기 전까지 어떤 감정을
가장 많이 사용하고 있나요?

◆

내가 자주 사용하는 감정 중 버리고 싶은 감정이 있나요?

◆

지금은 많이 사용하지 않지만 더 자주
사용하고 싶은 감정이 있나요?

◆

최근 감정을 낭비하는 사건이나 대상이 있나요?

◆

오늘 잠들기 전까지 어떤 감정을 사용하고 싶나요?

최근에 알고 지내던 사람이 스스로 목숨을 끊었다는 안타까운 소식을 전해 들었습니다. 평소 앓고 있던 지병 때문에 오랜 시간 고통을 받고 있던 와중에 사업의 실패가 겹치면서 삶의 종결을 선택한 것입니다. 장례식은 이미 끝나서 가보지 못했고, 속상한 마음에 눈물이 멈추지 않았습니다. 살아가는 것은 무엇이고 또 죽음은 무엇일까요? 그날 '삶과 죽음'이라는 단어로 검색 창을 두들겼고 클림트의 그림을 만났습니다.

어두운 배경 위에 흐느적거리는 두 덩어리가 있습니다. 오른쪽 삶의 덩어리에는 행복한 사람과 절망한 사람, 아이부

▲ 〈삶과 죽음〉, 구스타프 클림트Gustav Klimt, 1916

터 노인까지 다양한 사람들이 오색찬란한 색채 속에 파묻혀 있습니다. 해골의 얼굴을 한 죽음은 살아 있는 사람들과 굉장히 가까이에 있지만 사람들은 지금 자신이 느끼는 감정에 몰두하고 있어 죽음의 존재를 눈치채지 못한 듯합니다. 그러다 삶이 색채를 잃고 잠식되어버렸을 때 사람들은 가까이에서 늘 자신을 지켜보고 있던 죽음의 존재를 떠올립니다. '죽음이 이 모든 것을 끝내지 않을까?'

어떤 감정도 그대로 고여 있지 않으며 감정은 늘 변화하고 흘러갑니다. 해골이 들고 있는 몽둥이는 사실 위협적이지 않습니다. 작은 나무 방망이일 뿐입니다. 그러나 마음이 무너지고 약해진 사람들에게는 이 작은 방망이가 저항할 수 없을 만큼 크게 느껴질 수도 있습니다.

언젠가 나에게도 해골의 작은 무게가 크게 느껴지는 날이 올 수도 있습니다. 그때 이 그림을 떠올리며 삶이 불안정하더라도 색채가 가득한 삶의 힘이 죽음보다 더 강하다는 걸 잊지 말아야겠다는 생각이 들었습니다. 절망적인 감정은 다시 흘러가고 다른 감정이 나를 채울 것이니까요.

그림으로 채우는
마음 일기장

　일기는 모든 사람들에게 추천할 만한 작업입니다. 일기가 삶에 도움이 된다는 것을 많은 사람들이 알고 있지만 모두가 일기를 쓰고 있지는 않습니다. 귀찮고, 어디서부터 뭘 써야 할지도 모르겠기 때문입니다.

　그럴 때 그림 일기장을 대신해보는 것을 추천합니다. 비공개 SNS 계정에 오늘 마음에 와닿았던 그림 이미지와 짤막한 감정 일기를 적어보세요. 그림과 글을 올리며 마음속의 갤러리를 하나씩 채워나가는 겁니다. 그날의 기분과 감정이 같은 그림에 따라 어떻게 다르게 소통되는지 다시 댓글을 달아보는 것도 좋습니다. 물론 공개해서 많은 사람과 감정을 나누는 것은 더 좋습니다.

　표현하지 못한 속상한 감정들을 그림 일기장에는 표현하면 좋습니다. 외로움과 쓸쓸함과 같은 부정적 감정들은 표현하고 나면 그 크기가 작아지는 경향성이 있기 때문입니다. 억제하고 모른 척하는 것이 결코 답은 아닙니다.

인지적 무의식

'지금 당신의 발가락이 당신의 몸에 붙어 있다!'는 문장을 본다면 발가락이 몸에 연결되어 있음을 새삼 깨달을 것입니다. 당연히 알고 있던 사실이지만요. 이것을 인지적 무의식이라고 합니다. 알고는 있었지만 의식하고 있지 않다가 어떤 일에 의해서 의식되는 것입니다. 감정을 무시하려는 것도 이와 마찬가지입니다. 생각하지 않으려고 적극적으로 '생각'하는 순간, 그 대상이 더욱 강렬하게 인지되는 원리입니다. 신경과학자들은 우리의 뇌가 의식하지 못하는 사이에 금지된 항목들을 지속적으로 처리한다는 사실을 발견했습니다. 우리가 어떤 감정을 억제하려고 하면 무엇이든 느끼고 움직일 준비를 하게 됩니다. 그렇기에 부정적인 감정들을 삼키기보다 그림과의 소통을 통해 흘려보내고 공감받는 것은 감정 해소에 도움이 됩니다.

러시아의 사실주의 작가 이반 시스킨은 묵묵히 고난과 역경을 참고 견디는 서민들의 삶을 소나무를 통해 그려냈습니다. 한겨울 풍경 속에서 하얀 눈이 덮인 소나무가 한 그루 서 있습니다. 눈이 무거운지 가지가 그 무게를 견디지 못하고 바닥을 향해 처져 있습니다.

높은 산중턱에 있어 아무도 찾지 않을 것 같은 소나무의 외로움이 보이는 사람도 있고, 추위라는 고통 속에 있는 것을 크게 느끼는 사람도 있을 겁니다. 어두운 밤하늘에서 하얀 빛을 비추는 달빛이 따뜻하게 느껴질 수도 있고, 이런 환경 속에서도 삶을 이어가는 소나무의 생명력을 볼 수도 있습니다. 곧 눈이 녹고 난 후에 소나무가 맞이할 봄을 볼 수도 있습니다.

개인이 해석한 대로 세계는 받아들여집니다. 그렇기에 각 개인은 모두 인지 왜곡을 가질 수밖에 없습니다. 감정에 영향을 많이 끼치는 대표적인 인지 왜곡으로 확대와 축소의 오류가 있습니다. 특정 사건은 크게 받아들이고, 특정 사건을 작게 받아들이는 경향성입니다. 같은 말을 들었을 때에도 자신을 비난하는 목소리는 오래 마음에 남는데 칭찬의 목소리는 쉽게 흘려보내는 것도 이에 해당합니다. 이때 자신을 위해 할수 있는 변화는 이를 반대로 실행해보는 겁니다. 칭찬을 더 남기려 해보고 비난은 성장을 위한 만큼만 받아들이는 겁니다.

그림에서도 마찬가지입니다. 그림을 보며 느껴지는 감정 중 자신에게 위로가 되고 공감이 되는 소리에는 더 귀를 기울이고 불편하게 만드는 소리는 담지 않아도 됩니다. 물론 '이것이 나에게 특히 왜 불편하지?'라는 질문이 자기 탐색과 성장

▲ 〈북쪽〉, 이반 시스킨Ivan Shishkin, 1891

에 도움이 되는 경우는 열외입니다. 행복해지는 것은 너무나도 어려운 일이지만 지금보다 덜 불행해지는 것은 작은 선택을 통해서 성취 가능합니다.

내게 힘을 주고 공감이 되는 그림을 만나, 그림과 친해지고, 그림이 가진 매력들을 살펴보았습니다. 이제 그 에너지에 풍덩 빠져보세요. 어떤 그림이 머릿속에 떠올랐나요? 그 그림을 오늘 내 마음의 배경 화면으로 설정해보는 건 어떨까요?

**나의 마음과 어떤 그림이 어울리는지
다음 질문을 통해 알아보세요.**

◆

마지막으로 일기를 쓴 것은 언제인가요?

◆

최근 있었던 일 중 좋지 않은 감정을 확대해서
과몰입한 기억이 있나요?

◆

이반 시스킨의 〈북쪽〉을 보고 떠올랐던 생각은 무엇이었나요?

◆

이 책을 읽으면서 가장 인상적이었던 그림은 무엇이었나요?

◆

오늘 나의 감정과 가장 잘 어울리는 그림은 무엇인가요?

**study
5**

이제
힐링 할
시간

힐링은 지치고 상처 입은 몸이나 마음의 치유를 의미하는 단어입니다. 현대 사회를 살아가며 너무나도 많은 상처를 가지고 있는 우리들에게는 지금 이 시간, 힐링이 필요합니다. 인간관계나 업무에서 오는 스트레스는 상당하며 가장 안정한 정서를 제공해야 할 가족이 피로감으로 다가오기도 합니다. 문제는 이 스트레스나 피로가 적절하게 발산되지 못하고 축적되고 있다는 것입니다.

힐링이라는 단어를 사용하는 서비스와 상품은 점차 늘어가고 있습니다. 복잡하게 변화하는 세상 속에서 삶의 갈피를

잡지 못하고 지친 몸과 마음을 위로받고 싶은 사람들이 늘어나고 있는 것입니다. 힐링 소비족이라 하여 지친 마음을 치유하고자 오락이나 문화생활 분야의 소비를 늘리는 부류의 사람들도 생겨났습니다.

기대와 설렘이
가득하던 처음

주변에 사람이 없는 것은 아닌데 외롭다는 생각이 들 때가 있습니다. 일을 할 때에도 대인관계를 해나갈 때에도 결국 혼자서 해내야 하는 부분들이 있습니다. 마음속 이야기가 다른 사람과 모두 공유되는 것도 아닙니다.

관계에서 오는 공허함과 반복되는 일에서 오는 공허함으로 자꾸 지칩니다. 세상에 태어나 의미 있는 사람이 되고 싶었고, 원대한 목표와 꿈이 있었는데 잘 가고 있는지에 대해서 의문이 듭니다. 하루 이틀 무력감이 느껴질 때는 이러다가 말겠지 싶다가도 계속 감정이 고갈된 느낌이 들 때에는 스스로 힘내자는 목소리도 잘 나오지 않습니다.

자기계발이나 공부를 하면 나아질 것이라는 생각으로 무언가를 시도해보지만 집중이 잘되지 않습니다. 대인관계를 늘린다고 이 감정이 해결될 거라는 생각은 들지 않습니다. 억지로 대인관계를 늘리고 싶지도 않습니다. 관계와 일 모두 처음에는 설렘이 있었는데 왜 하루하루 재미없어질까요?

누구에게나 처음의 설렘이 존재합니다. 지금 나아가는 목표를 잊지 않게 만들어주는 설렘의 순간을 담은 그림이 있습니다. 에벗 그레이브스의 〈종잣돈〉입니다. 얼마나 모았는지, 이자는 얼마나 붙었는지 젊은 부부가 기대감에 부풀어 통장을 확인하고 있습니다. 이 젊은 부부는 일 년간 모은 적금을 확인하기 위해 옷을 차려입고 집을 나왔습니다. 통장을 확인하는 시간은 오전 10시. 고생해서 아껴 모은 돈을 확인하니 함박웃음이 절로 지어집니다.

"당신이 진짜 고생했어. 우리 오늘은 분위기 좋은 데 가서 기분 한 번 낼까?"

"그럼, 와플이 맛있어 보이던 브런치 가게로 가자!"

분홍색 드레스를 입은 여성의 볼은 분홍색으로 상기되어 있습니다. 정열의 빨간색이 순수한 흰색을 만나 수줍은 분홍색이 되었습니다. 그들의 손에 들린 건 가장 높은 신뢰의 색

▲ 〈종잣돈〉, 에벗 풀러 그레이브스Abbott Fuller Graves, 1910

이라 불리는 파란색 통장입니다. 이 두 사람의 앞날에 푸르른 희망이 엿보이는 듯합니다. 미래를 함께 꾸려나가고 더 나은 삶을 살아볼 수 있다는 기대감이 그림 속을 떠다닙니다. 함께 온 강아지도 통장 속 내용이 궁금한 것 같습니다. 평소와 달라 보이는 부부의 모습에 긴장을 했는지 꼬리를 말아 다리 사이에 넣고 통장을 올려다봅니다. 주인님이 신났으니 왠지 집에 가면 맛있는 간식이 나올 것 같은 기대감도 듭니다.

오른쪽 뒤편에는 노부부가 서로 마주보고 앉아 있습니다. 함께한 지 수십 년이 지난 것 같은 이 노부부의 손에도 파란색 통장이 들려 있습니다. 노부부도 적금을 확인하러 온 것 같습니다. 그러나 볼을 마주 붙여 통장에 집중하는 젊은 부부처럼 설레는 모습은 아닙니다. 그들은 떨어져 앉은 거리만큼 여유로운 모습입니다. 신나서 들떠 있는 젊은 부부를 보며 노부부는 속삭였을 것입니다.

"저 친구들 좀 봐. 우리도 저럴 때가 있었지."

미국의 인상주의 화가 그레이브스가 그린 〈종잣돈〉의 배경은 미국 4대 은행 중 하나인 뱅크 오브 아메리카가 설립된 지 6년이 되던 해의 모습입니다. 거대 금융 회사도 시작할 때에는 이렇게 처음이 존재했습니다. 작은 동네 은행이었지만 차곡차곡 미래를 준비했기에 지금의 세계적인 기업이 된 것입니다. 젊은 부부의 파란 통장 안에는 앞으로를 살아가야 하는 이유와 원동력이 되는 희망과 미래가 담겨 있습니다.

혹여나 지금의 삶이 조금 버겁다면, 목표를 향해 가는 길이 자꾸 지루해진다면, 기대와 설렘이 가득하던 처음의 감정을 떠올려보는 건 어떨까요. 분홍색이 가득했던 시간이 내게도 분명 존재했습니다.

그림으로 충전하기

기름이 바닥나면 자동차는 더 이상 주행하지 못합니다. 기름이 모두 소진되기 전에 주유소에 가서 기름을 넣어야 합니다. 그럼 자동차는 다시 앞으로 나아갈 힘을 얻습니다. 우리의 마음도 마찬가지입니다. 감정 에너지 보존의 법칙이 있기에 쓸 수 있는 에너지는 한정적입니다. 마음이 탈탈 털려버린 어느 날, '소진되었다'는 표현이 머릿속에 떠오릅니다. 이때에는 자동차에 주유를 하듯 마음에도 충천이 필요합니다.

채워가는 방식은 개인마다 다릅니다. 맛있는 음식을 먹는 것, 운동이나 입욕처럼 능동적으로 움직이는 것, 영화나 유튜브 영상을 보는 것 등 다양한 선택을 할 수 있습니다. 미술작품을 감상하고 감정을 살펴보는 것은 능동적 움직임과 수동적 받아들임이 동시에 일어나는 활동입니다. 내게 와닿는 그림과 친해지는 과정에서 마음이 채워지는 경험을 하게 됩니다. 피상적 관계 속에서의 외로움이 아닌 나를 들여다보는 울림을 경험할 수도 있습니다.

힐링은 자동으로 일어나는 것이 아닙니다. 시간이 남을 때 하는 것도 아닙니다. 수동적이든 능동적이든 자신이 선택해야 가능한 것입니다. 그렇기에 자신이 힐링할 수 있는 요소들을 최대한 많이 알고 보유하고 있으면 좋습니다.

미술작품과 소통하며 가졌던 긍정적인 감정들을 이제 주변과 소통하는 것에도 적용할 수 있습니다. 앞서 언급했듯 우리 주변의 모든 것이 미술이기 때문입니다.

힐링을 위해 책을 펼쳐 그림을 다시 볼 수도 있고, 작가의 다른 작품 이미지를 찾아볼 수도 있습니다. 혹은 오늘 느낀 감정을 이미지로 검색해보면서 마음에 와닿는 새로운 이미지를 만나볼 수도 있습니다. 좋은 이미지라고 생각된 그림은 사진으로 찍거나 캡처하여 소중한 사람에게 공유해보세요. 내가

채운 힐링의 에너지를 의미 있는 사람에게 전달하는 것 또한

힐링이 됩니다.

그림을 선택하다, 감정을 선택하다

감정은 저절로 일어나는 것이기에 우리가 주체적으로 감정을 선택할 수 있다는 생각을 하지 못하는 경우가 많습니다. 상황 자체가 우리를 기쁘게 하고 슬프게 하고, 어떤 사람 때문에 불행해지고 행복해지는 등 감정을 느끼는 건 수동적이라고 생각하는 경우가 많습니다. 그러나 현대의 심리학은 우리가 느끼는 감정들이 우리의 생각으로부터 비롯되었고, 생각은 행동과 감정을 만드는 주원인이라고 설명합니다.

세상에는 70억의 인구가 있지만 우리가 통제할 수 있는 인간은 자기 자신뿐입니다. 우리는 자발적으로 인생을 살 수 있는 권리가 있고, 스스로 불행하다고 느끼는 것은 자신의 생각, 그리고 생각에서 비롯된 행동을 효율적으로 통제하지 못함으로써 발생되는 문제입니다. 결국, 생각을 통제한다면 그에 파생되는 감정도 함께 통제할 수 있는 것이 '인간'이라는 존재입니다.

사람을 한 대의 자동차로 바꾸어 생각해볼 경우 이것을 좀 더 쉽게 이해할 수 있습니다. 인간에게는 '사랑받고 싶다' '자유롭고 싶다'와 같은 기본 욕구들이 존재합니다. 이것을 자동차에 비유하자면 엔진이 될 것입니다. 그리고 어떤 방향으로 갈 것인지, 즉 '어떤 것을 성취하고 싶다'와 같은 구체적인 소망이 핸들의 역할을 하게 됩니다. 생각하고 행동하는 앞바퀴는 이를 통해 움직이게 되고, 수반되는 감정인 뒷바퀴는 최종적으로 우리가 느끼는 결과가 됩니다. 결국 자신의 욕구를 탐색하고, 방향성을 결정하고, 어떤 생각을 하는지가 우리의 감정을 결정합니다.

모든 감정은
자신이 선택한 것

세상은 모두에게 다르게 받아들여집니다. 자신에게 의미 있는 것들은 더 깊게 알아보고 관심 없는 것들은 흘려보냅니다. 지하철역 앞에서 누군가를 만나기로 했을 때 우리는 만나기로 한 대상에게 집중합니다. 그리고 그 뒤에 걸어가는 많은 사람들에 대한 정보는 대부분 유실합니다. 그러나 지나가는 사람 중에 눈이 가는 사람도 있습니다. 평소에 관심 있던 스타일의 옷을 입고 있거나, 아는 사람과 닮았거나, 이상적이라고 생각하는 외모를 가지고 있을 경우에 그러합니다. 내가 집중할 의미가 있다고 생각하기 때문에 눈이 가는 것입니다.

무수한 생각이 떠돌아다니는 우리의 머릿속에서도 비슷한 일이 벌어집니다. 많은 생각들이 발생하고 흘러가는 도중에 우리가 의미 있다고 생각되는 것들만이 선택되어져 떠오릅니다. 생각들은 마치 발생한 것처럼 여겨질 수 있지만, 인식하건 인식하지 않던 간에 우리 머릿속에서는 의미가 없다고 생각되는 정보들을 그냥 흘려보냅니다. 그리고 떠오른 생각들은 자신이 선택적으로 결정한 것입니다. 그 생각들은 다시 커지고 살이 붙고 확고한 생각의 덩어리들로 변화합니다. 그리고 그 생각들이 감정을 만들어냅니다. 지하철역에서 지나가는 수려한 외모의 여성을 보고 '좋겠다', '난 다시 태어나야 저렇게 될 테지', '성격은 안 좋겠지?' 등의 생각이 떠오른 후 부러움, 호기심, 열등감 등의 감정이 따라오는 것과 같습니다.

그런데 우리는 중간에 다시 한 번 의지를 개입할 수가 있습니다. 수려한 외모의 여성을 보며 '좋겠다'는 생각이 떠올랐을 때 스스로를 그녀와 비교하면서 그렇게 살지 못하는 삶을 비관할 수도 있지만 잠시 손을 놓았던 운동을 다시 해야겠다는 생각을 파생할 수도 있습니다. 앞서 말했듯 생각은 선택되어지고, 그 이후에 불어져나가는 생각의 덩어리들도 선택되어지는 것입니다. 첫 번째 생각과 마지막 생각 사이에는 수백, 수천 개의 생각들이 연결 고리처럼 촘촘하게 배치되어 있습니다. 즉, 우리는 '불행해'라는 감정 하나를 느끼기 위해서 수백, 수천 개의 선택을 하고 있다는 것입니다. 우리는 불행한 것이 아니라 적극적 선택에 의해 불행해하고 있는 것입니다.

감정을
선택하는 연습

심리상담의 기법 중에 '초인종 누르기'라는 것이 있습니다. 이 기법은 버튼을 누르면 띵동 소리와 함께 내 눈앞의 장면이 변할 수 있다는 설명을 전제로 하고 있습니다. 즉, 사람들은 스스로의 기분을 직접 조절할 수 있다는 의미입니다. 기분을 수동적으로 받아들이는 존재가 아닌 주체적으로 행하는 존재라는 것을 받아들이면 그때부터 감정은 이제 우리의 것이 됩니다.

미술치료에서 초인종 기법을 접목시키기도 합니다. 먼저 내담자들에게 여러 감정들의 장면들을 그림으로 그려보게 합니다. 물감을 손으로 문지르거나 오브제들을 붙이면서 나타나는 감정에 관련된 표정을 짓도록 하고 온몸으로 그 순간을 표현해보게 합니다. 예를 들어 '기쁨'을 그리면서는 활짝 웃기도 하고, '우울해'를 그리면서는 축 처진 몸짓을 해보는 것입니다. 이미지를 그리는 그 순간에 기쁨과 우울함을 적극적으로 경험하는 효과가 있습니다. "기쁨을 그린 그림을 다시 보여드릴 테니, 이 그림을 그릴 때의 감정을 다시 한번 느껴보시겠어요?" 이런 요구에 응답한 사람들은 감정을 의식적으로 바꾸어 경험할 수 있다는 것을 알게 되고, 일상에서도 다시 긍정적인 이미지를 선택해 떠올리는 훈련을 익힙니다. 여기에서 중요한 것은 긍정적 감정을 느끼는 것이 항상 정답이 아니라는 겁니다. 슬픔에 빠지고 싶을 때에는 충분히 슬퍼하고, 씁쓸함을 느끼고 싶을 때는 그 감정에 푹 빠져도 좋습니다. 내가 그것을 선택할 수 있다는 '주체성'만 잃지 않으면 됩니다.

그러나 모두가 그림을 그려가며 감정 훈련을 할 수는 없습니다. 그렇기 때문에 이 책을 보면서 그림을 직접 그리지 않고 이미지를 통해 감정을 선택하는 연습을 해보세요. 다양한 그림들은 설렘부터 애잔함, 우울함, 행복까지 우리가 살아가면서 소소하게 느껴나가는 감정들을 보여줍니다.

많은 사람들이 음악을 즐겨 듣습니다. 기분이 가벼울 때는 가벼운 음악을, 슬플 때는 슬픈 음악을 들으며 자신의 감정에 BGM을 넣어줍니다. 그림 역시 마찬가지입니다. 그날그날의 기분에 따라 하루를 장식하는 배경화면이 달라집니다. 각 그림들이 가지는 감정들을 살펴보고 그 감정들에 공감하면 오늘의 배경화면이 될 그림들을 선택할 수 있습니다. 이 책을 다 읽고 나서는 그 감정에 어울리는 또 다른 그림들을 찾아보기를 권합니다. 오늘이라는 하루가 수없이 많이 기다리고 있듯, 오늘 내 마음에 거는 그림 역시 계속 달라질 것입니다.

오늘의 감정은
어떤 색인가요?

알록달록한 패턴의 배경 앞에 알록달록한 공들이 있습니다. 공들은 굴러가는 것처럼 보이기도 하고 멈추어 있는 것처럼 보이기도 하는데, 공간 속에 들어가 살짝 손가락으로 밀어주면 통통 굴러다니며 서로가 서로를 움직이게 할 것만 같습니다. 컬러의 벽에서 공들이 살아서 튀어나온 것 같은 이 작품 속에는 따뜻함과 기분 좋은 색이 함께합니다. 벽에는 세로로 길게 늘어진 천들이 한 장 한 장 설치되어 있고, 공들은 한 땀 한 땀 코바늘로 꿰어 만든 털실로 만들어진 옷을 입고 있습니다. 작가는 "색을 만져보게 하고 싶었다"고 이야기합니다. 전시장에는 제한선도 없고, '손대지 마시오' 같은 주의 푯말도 없습니다. 자유롭게 만지고 체험하는 걸 권하고 있습니다.

▲〈롤링 그라운드〉, 백인교, 2019

감정이 메말라 있는 순간들을 묘사할 때 "마음이 흑백이다"라고 말하고 감정이 생동감 있게 피어나는 순간은 인생에 "컬러"가 생겼다고 이야기합니다. 백인교 작가의 작품 속에는 살아 있는 색이 존재합니다. 포스코 미술관에서 열린 전시 〈롤링 그라운드〉를 통해 그녀는 미술작품의 긍정적 이미지들이 작품을 관람하는 사람들에게 즐거운 영향을 미칠 수 있다고 이야기했습니다. 백인교 작가는 "한 가지 색은 고유한 의미를 가진다. 두 가지 색은 조화를 이룬다. 세 가지 색은 새로운 것을 창조한다."라고 말한 적 있습니다.

"오늘 감정의 색은 무엇인가요?"라는 질문을 던졌을 때 내담자들은 다양한 크레파스에서 한 가지 색을 선택하기도 하고 여러 가지 색을 섞기도 합니다. 48색의 크레파스는 이렇게 무궁무진하게 새로운 색깔로 다시 태어납니다. 마음연구소에 도착했을 때 우울하거나 가라앉는 색을 선택한 내담자들은 상담을 마치고 나서 "오늘 남은 하루는 어떤 색으로 보내고 싶나요?"라는 질문에 상당히 밝고 에너지 넘치는 색을 선택하는 경우가 많습니다.

내담자들에게 자기 전 감정의 색을 글로 기록해보라는 요청을 한 후 그 이미지를 핸드폰으로 찍어놓고 일주일간 배경화면으로 지정해놓도록 했습니다. 그러자 그 다음 주에 내담자들을 다시 만났을 때 자신이 선택한 색의 영향에 대해 언급하는 사람들이 많았습니다. 사람들은 자신이 원하는 이미지에 맞춰 감정의 방향을 바꿀 수 있는 능력이 있습니다.

내 마음의
미술관

우리의 마음속에는 그림이 걸릴 수 있는 전시장이 있습니다. 그리고 그 전시장 안에는 머릿속에 있는 여러 가지 이미지들을 언제든지 바꿔 담을 수 있는 액자가 존재합니다. 그 액자 안에는 마음이 찰칵 찍었던 기억의 순간들이라면 무엇이라도 담을 수 있습니다. 놀라거나 상처받았던 순간들은 오래되어 먼지가 쌓여 있는데도 여전히 전시장 한 구석에 걸려 있을 수도 있고, 퇴근길에 보았던 예쁜 야경 한 장이 반짝거리며 걸려 있을 수도 있습니다. 전시장에 들어가서 오랜 나의 기억들과 마음들을 쭈욱 둘러보세요. 그리고 전시장을 관리하는 큐레이터에게 질문을 던져보세요. 여기에는 어떤 그림들이 걸리나요? 그림을 선택하는 것은 누구인가요? 큐레이터는 이렇게 대답합니다.

> "여기는 내 마음의 미술관이에요. 그리고 저는 당신의 마음입니다. 가능하면 당신의 감정을 담뿍 담은 그림들을 제게 알려주세요. 좋은 거 말고, 최대한 당신의 감정이 담겨 있는 것으로요."

이곳은 유명한 명화를 걸 수도 있고, 최근에 SNS에서 보았던 몽글몽글한 일러스트 작품을 걸 수도 있으며, 핸드폰으로 찍었던 인생샷을 걸 수도 있습니다. 매일매일 그날의 기분이 담긴 그림을 알면 알수록, 내 마음의 미술관은 풍성해집니다.

그림과 친해진
당신

이제 친해진 그림이 생겼습니다. 여전히 생소한 그림들이 있어도 상관없습니다. 친해진 그림 덕분에 다른 그림들과 쉽게 연결될 수 있는 기회가 생겼으니까요.

친해지기 이전에는 스쳐 지나가는 이미지에 불과했던 그림이 말을 걸어옵니다. 이제 침묵을 깨고 건네져온 메시지에 대응할 수 있습니다. 정해진 해석에 따라 그림과 소통할 필요가 없다는 것을 잘 알고 있을 겁니다. 그림의 정보와 해석들은 방향을 위한 나침반일 뿐, 그것을 기반으로 나의 감정을 그림에 녹여 대화를 하는 게 중요합니다.

그림과 대화할 때 오늘의 감정이 굉장히 많은 영향을 미칠 겁니다. 같은 그림과 대화를 해도 오늘과 내일은 분명 다를 겁니다. 그 차이에서 스스로의 마음을 돌아볼 수 있는 기회가 열릴 거예요. 그림에 대응하는 감정은 늘 변화하기 때문입니다.

그림을
공유해요

좋았던 일과 속상했던 일을 주변에 털어놓듯 그림도 공유할 수 있는 대상이 되었습니다. 재밌는 영화를 보고 후기를 나누거나, 퇴근길 노을을 찍은 후 SNS에 공유하는 것과 마찬가지입니다.

SNS에 폴 내시의 〈메닌거리〉를 올린 그녀는 맡았던 팀 프로젝트가 실패로 돌아가면서 수많은 질타를 받아야만 했습니다. 팀은 해체되었고, 계약직으로 있던 팀원과도 헤어져야 했습니다. 〈메닌거리〉 속 풍경처럼 그녀의 마음은 만신창이었습니다. 사방에서 받은 공격에 성한 곳 하나 없는 마음을

▲〈메닌거리〉, 폴 내시Paul Nash, 1919

그림 아래에 적어 내려갔습니다. 실패는 그다음 단계를 나아갈 자신감을 없애버렸고, 마음은 그림 속 하늘에 가득 찬 연기에 비유되었습니다.

작가 내시는 군인의 꿈을 키우던 영국의 화가였습니다. 전쟁 발발 직후, 그는 망설임 없이 예술가 부대에 입대하게 되었고, 수많은 그림에 전쟁의 기록을 남깁니다. 〈메닌거리〉는 1918년 4월 영국 전쟁기념위원회로부터 전쟁의 기록에 대한 전시를 의뢰받아 그린 가로 182센티미터의 거대한 작품입니다. 이 그림은 그가 참전했다가 치명적인 부상을 당한 전투의 장면으로 폐허가 된 거리의 단상을 묘사하고 있습니다.

사람들은 그녀의 SNS에 응원의 댓글을 남겼습니다. 비록 지금은 뿌옇지만 하늘에서 빛이 내려오고 있고 어둠은 곧 사라질 것이라는 댓글, 나무들의 뿌리가 살아 있으니 다시 생명의 땅이 될 것이라는 댓글, 그리고 천천히 상처 입은 곳들을 메꿔가자는 댓글도 달렸습니다. 그림을 통해 감정을 표현했는데 그림을 통해 응원의 이야기를 들은 것입니다. 공유가 치유가 되어 돌아왔습니다.

일상에
적용해보기

마음연구소에 찾아온 한 내담자는 프랑스의 화가 앙리 마티스에 반해 있었습니다. 작품을 접한 소감을 물으니 종이를 잘라서 붙인 작업들이 신기했다고 연신 설명했습니다. 선명한 인물과 도안들이 리듬감 있게 놓여져 있으니 마치 즐거운 상황에 자신을 옮겨놓은 듯한 느낌이 들었다는 그녀는 컷아웃cut-out 기법에 대해 물었습니다. 컷아웃은 '종이 오리기'로 기법의 이름만 들었을 때에는 마치 어린이들이나 사용할 것처럼 들리기도 합니다. 그러나 예술가가 하나의 기법으로 이것을 사용했고 관객이 작품으로 접근하자 단순한 종이 오리기가 새로운 감각으로 다가왔습니다. 감상자가 그림 속에 묻어 있는 것이 아니라 대상 위에 붙어 있는 것에서 재미를 느꼈습니다. 자신이 원할 때는 언제든 캔버스 밖으로 나갈 수 있다는 자유로운 느낌은 그녀의 마음을 이끌었습니다. 결국 컷아웃 기법은 그녀가 지금 처한 현실로부터 언제든지 해방될 수 있다는 응원의 힘으로 다가왔습니다.

그녀가 가장 인상 깊게 본 작품은 〈왕의 슬픔〉이었습니

▲ 〈왕의 슬픔〉, 앙리 마티스Henri Matisse, 1952

다. 이 작품은 마티스가 85세로 사망하기 2년 전 병상에서 작업한 작품입니다. 관절염으로 통증이 심하던 시기에 붓을 잡지 못하게 되면서 새롭게 도전한 기법이었습니다. 그리고 아픈 시기에 만들어진 만큼 더 밝은 이미지를 표현하려고 애썼습니다.

"나는 내 노력을 드러내려고 하지 않는다. 내가 얼마나 노력했는지 아무도 모르게 내 작품들이 봄날의 밝은 즐거움을 담았으면 한다."

한국에서 마티스 전시회가 열렸을 때 벽면에 적혀 있던 그의 명언입니다. 이 글귀를 따라 적어보세요. 조금 더 행복해지려는 지금의 노력의 가치를 다시 한 번 생각할 수 있는 시간을 가져보세요. 미술로부터 전달받은 좋은 에너지를 자신의 삶에 적용하는 시작이 될 것입니다.

오늘도 행복하기 위해 그림을 본다

초판 1쇄 인쇄 2021년 12월 21일
초판 1쇄 발행 2022년 1월 5일

지은이 김소울
펴낸이 유정연

이사 임충진 김귀분
책임편집 김경애 **기획편집** 신성식 조현주 김수진 심설아 이가람 **디자인** 김리영
마케팅 이석원 박중혁 정문희 김예은 **제작** 임정호 **경영지원** 박소영

펴낸곳 흐름출판(주) **출판등록** 제313-2003-199호(2003년 5월 28일)
주소 서울시 마포구 월드컵북로5길 48-9(서교동)
전화 (02)325-4944 **팩스** (02)325-4945 **이메일** book@hbooks.co.kr
홈페이지 http://www.hbooks.co.kr **블로그** blog.naver.com/nextwave7
출력·인쇄·제본 성광인쇄 **용지** 월드페이퍼(주) **후가공** (주)이지앤비(특허 제10-1081185호)

ISBN 978-89-6596-490-2 03180